Augustinus zur Einführung

Johann Kreuzer

Augustinus zur Einführung

JUNIUS

Junius Verlag GmbH
Stresemannstraße 375
22761 Hamburg

Umschlaggestaltung: Florian Zietz
Titelfoto: Augustinus. Bibliothek des Lateran
Satz: Junius Verlag GmbH
Printed in the EU 2013
ISBN 978-3-88506-609-5
2., ergänzte Auflage 2013
(zur Einführung; 309)

Bibliografische Information Der Deutschen Nationalbibliothek
Die Deutsche Nationalbibliothek verzeichnet diese Publikation in der Deutschen Nationalbibliografie; detaillierte bibliografische Daten sind im Internet über http://dnb.d-nb.de abrufbar.

Inhalt

1. Einleitung

Eine Einführung in Augustinus ist die Einführung in ein widerspruchsvolles Denken. Sein Werk enthält eine in sich antagonistische Vielfalt an Denkmotiven, in der sich zugleich die Ursprünge des europäischen Denkens spiegeln. Eine Einführung in dieses Werk stellt insofern eine Einführung in die Geschichte – und in die ›innere‹, vielleicht verdrängte, vielleicht ängstigende oder auch nur gleichgültig bleibende ›Fremde‹ – dieses Denkens dar. Dabei handelt es sich nicht um den Blick in einen fernen Spiegel entrückter Ideengeschichte. Es geht vielmehr um eine Einladung zur Auseinandersetzung mit Fragestellungen, die unser Denken bis heute prägen.

Die Widersprüchlichkeiten, von denen Augustins Werk gekennzeichnet ist, lassen sich nicht um eines monolithischen ›Gesamtbildes‹ willen glätten. Sie zeigen die Verschiedenheit der Ausgangspunkte ›christlichen‹ Denkens in der Epochenzäsur des Endes von Antike.[1] Sein Werk dokumentiert in originärer Weise einen sowohl bewusstseinsgeschichtlichen wie soziokulturellen Übergangsprozess.[2] Augustin hat diesen Transformationsprozess entscheidend mitgeprägt.[3] Zugleich ist sein Werk in gewisser Hinsicht der Ausdruck des Nicht-Gelingens und Nicht-gelingen-Könnens einer ›Synthese‹ der dabei in Frage stehenden Denkmodelle und Denkalternativen. Etwas über die Verwerfungen wie Disharmonien und gleichsam Sollbruchstellen in den Ursprüngen des europäischen Denkens und seiner Geschichte zu erfahren dürfte deshalb nicht der geringste Nutzen einer Einführung in Augustinus und sein Werk sein. Dabei geht es nicht um eine die historischen Differenzen überspringende ›Aktualisierung‹, sondern um die Aktualität von Themen und Fragestellungen, die Augustinus quer zu den üblich gewordenen Epocheneinteilungen stehen lassen. Auf sie, auf die Impulse, die von seinem Denken ausgehen und oft im direkten Widerspruch zu Dogmen stehen, die mit seinem Namen verbunden und traditionsmächtig geworden sind, wird sich die folgende Einführung konzentrieren.[4] Problemstellungen und Fragen, die immer noch reizen, gilt es vor manchen Antworten – ›Denkverboten‹ – zu schützen. Eine Einführung in Augustinus ist insofern eine Einführung in eine bestimmte Art, Augustinus zu lesen.

Nötig ist ein Perspektivismus der Deutung. Ihm soll die Einzelinterpretation ausgewählter Texte entsprechen.

Das zweite Kapitel (»Ausgangspunkte«), in dem die Frühschriften (bis 396) thematisch sind, beschreibt die anfänglichen Einflüsse. Neben dem Studium der Rhetorik (d.h. antiker ›ästhetischer‹ Theorie) sind dies in erster Linie die Stoa, der Manichäismus und der Neuplatonismus, insbesondere Plotins. Die Frühschriften zeigen eine Verschmelzung dieser Motive: ›innerweltliche Skepsis, manichäischer Dualismus, Denken der Transzendenz‹. Der erste Schritt über diese Endpunkte antiken Denkens hinaus ist in philosophischer Hinsicht ein Skandalon, kulturgeschichtlich jedoch nicht nur in Augustins eigener Epoche, sondern auch später – man denke nur an Luther – enorm wirkmächtig geworden. Es handelt sich um den Theoremkomplex der Erbsünden-, Prädestinations- und Gnadenlehre. Insbesondere das Prädestinationstheorem stellt in seiner Rigidität die christliche Fassung eines manichäischen Dualismus dar. Die Verbindung mit dem Mythologem der Erbsünde macht es zum Dokument eines sich radikal verschuldet denkenden Bewusstseins.

Als dieses Dokument ist es zu deuten und philosophisch relevant (vgl. Kap. 3 »Erbsünde, Gnade und Prädestination: Augustins Logik der Angst und des Schreckens«). Im Zentrum der folgenden Einführung soll aber nicht dieser ›dunkle‹ Zug in Augustins Denken stehen – so sehr er für die Ablösung vom antiken Paradigma des Glaubens an ein Sich-selbst-Genügen der Vernunft wichtig ist und die Säkularisierung theologischer Denkformen gleichsam von innen heraus initiiert. Im Zentrum dieser Einführung sollen jene Analysen und Einsichten stehen, die sich in den Hauptwerken erarbeitet finden – in den *Confessiones* (Kap. 4): dem am stärksten rezipierten, *De trinitate* (Kap. 5): dem theoretisch bedeutsamsten, und *De civitate dei* (Kap. 6): dem Grundlagentext geschichtsphilosophischer Reflexion und deshalb vielleicht wirkmächtigsten Werk. Mit den *Confessiones* versucht Augustin, die ca. 396 konzipierte Gnadenlehre literarisch umzusetzen. Das Bekenntnis des Glaubens setzt sich aus dem Bekenntnis der Schuld und dem Bekenntnis des Dankes zusammen (vgl. Kap. 4.1). In diesem Doppelbekenntnis artikulieren sich die ›Nacht‹- und die ›Tagseite‹ des Erinnerungsvermögens. Die Transzendenz der Erfahrung göttlicher Sinnevidenz, die Augustin aus dem Platonismus und von Plotin übernimmt, wird mit der Erinnerung und der Annahme der Endlichkeit faktischen Daseins verbunden (vgl. Kap. 4.2). Dabei kommt die – wie fragil auch immer – sich bildende Identität des Bewusstseins als Geschichte eines *individuum ineffabile* in epochal neuer Weise zur Sprache. Gotteserkenntnis heißt Erkenntnis und Selbstgegenwärtigkeit des Erinnerungsvermögens. Dass uns am Grund ästhetischer Erfahrung – der »pulchritudo tam antiqua et nova« (Conf. X.27.38) – bewusst wird, was Erinnern heißt und was es als ›Kraft des Lebens im sterblich lebenden Menschen‹ bedeutet, stellt Augustin in den *Confessiones* in singulärer Weise dar. Der ›Grund liebender Erinnerung‹ ist der Augenblick der Ewigkeit in der Zeit.[5] Aus der Bestimmung dieses Augenblicks der Ewigkeit in der Zeit resultiert Augustins – seit dem Beginn des 20. Jahrhunderts vielfältig rezipierte – Antwort auf seine Frage nach der Zeit (vgl. Kap. 4.3). *De trinitate*, Augustins theoretisches Hauptwerk, ist der Versuch einer rationalen Rekonstruktion des Theologumenons der Trinität. Die spekulative Erläuterung dieses innersten Kerns christlichen Glaubens bildet eine Konstante in seinem Werk (vgl. Kap. 5.1). Augustin macht hier den Grundgedanken der Fleischwerdung des göttlichen Logos in philosophischer Hinsicht fruchtbar. Insbesondere in den Büchern IX, X und XI von *De trinitate* führt das zu einer Theorie des tätigen und sich in seiner Endlichkeit begreifenden Geistes (vgl. Kap. 5.2). Zu den Innovationen, die Augustin hier formuliert, zählt die Einsicht in die ›Relationalität‹ und ›Intentionalität‹ unserer Bewusstseinsakte sowie die ›Sprachlichkeit‹, d.h. Sprachgebundenheit des Geistes (vgl. Kap. 5.3). Die Lehre vom ›inneren Wort‹ (De trin. XV) wird zur Grundlage einer das Sprachdenken bis in die Neuzeit bestimmenden ›Logosmetaphysik‹. An *De civitate dei* wird wie an den *Confessiones* die Heterogenität der Denkmotive und Denkmodelle deutlich, die Augustins Werk repräsentiert. Die Apologie einer christlichen ›civitas‹ (vgl. Kap. 6.1) führt auf einen in sich mehrdeutigen Dualismus der Geschichtsbetrachtung (vgl. Kap. 6.2). Im Dualismus der beiden ›civitates‹ in *De civitate dei* kehrt zum einen der manichäische Dualismus von Augustins Jugendzeit wieder. Zum anderen aber folgt aus diesem Dualismus – sofern aus ihm nicht ein überzeitliches Modell eines Verlaufs von Geschichte gefolgert wird – sozusagen der methodische Imperativ der Kritik profaner, d.h. realer Geschichte. Das Gleiche gilt für die Auffassungsweise ihres ›Endes‹. Dieses Ende, der ›siebte Tag‹, lässt sich konventionell eschatologisch verstehen: als ein Heilsgeschehen, das nach dieser Welt und Geschichte auf diese folgt. Die populär-platonische Trennung zwischen der sinnlichen und einer geistigen Welt wird dabei in ein zeitliches (heilsgeschichtliches) Abfolgemodell ›Diesseits – Jenseits‹ projiziert. Der ›siebte Tag‹ lässt sich aber auch als innerweltliches Eschaton verstehen: als Aufhebung der Aporie des Geschichtlichen, die sich in der Sphäre von Geschichte selbst – das gedachte Futurum des Endes der Geschichte vorwegnehmend – erfüllt (vgl. Kap. 6.3).

Im abschließenden siebten Kapitel (»Stichworte zur Fortwirkung«) geht es weder um die Geschichte eines ›Augustinismus‹ noch um Systematisierungen seiner Lehre.[6] Hingewiesen werden soll vielmehr auf Einsichten und Theoreme, die Augustins Werk zum produktiven Ort der Unruhe in der Geschichte des europäischen Denkens haben werden lassen und bis heute, wenn man so will, ›reizen‹. Zunächst ist dies seine Betonung des Vorrangs der *ratio*. Auf dieses methodische Postulat der Rationalität etwa wird sich Anselm von Canterbury mit der Formel »fides quaerens intellectum« berufen. Zweitens hat der Kern von Augustins Trinitätslehre, der Grundgedanke der trinitarischen Vermittlung von göttlicher und menschlicher Natur, das weitere Denken bestimmt. Dies betrifft nicht nur die Selbstreflexion des sich in seiner Endlichkeit begreifenden Geistes, sondern ebenso das Insgesamt einer als Schöpfung zu begreifenden Natur. Hier wird vor allem Johannes Scottus Eriugena an Augustin anknüpfen. ›Schöpfung‹ ist zu denken als Natur, die Relationalität bedeutet. Drittens ist Augustin eine der entscheidenden Quellen der Bereitschaft und der Versuche der Vernunft, sich als Moment gelebter Endlichkeit zu begreifen. Dabei rücken – vornehmlich in soziokulturellen Umbruchssituationen – die Ränder reflexiver Selbstvergewisserung in den Blick. Das Sensorium, das Augustin für diese ›Ränder‹ des Bewusstseins zeigt, dürfte der Grund für das gegenwärtige Interesse an ihm sein. Das gilt aber auch z.B. für andere Epochenschwellen – namentlich die des 14. Jahrhunderts. Hier sind es vor allem Meister Eckhart und Tauler, die mit ihrer Lehre von der ›Gottesgeburt in der Seele des Menschen‹ auf Augustins Entdeckung und Analyse der Erinnerung als Bewusstseinsgrund Bezug nehmen. Aber auch die nominalistische Neubegründung des Wissens bei Wilhelm v. Ockham hat den augustinischen Zweifel am Sich-selbst-Genügen der Vernunft zur Voraussetzung. Relevant ist schließlich viertens Augustins Geschichtsdenken. Es ist zum Gegenstand produktiver Auseinandersetzung geworden durch die Einsicht in die Einmaligkeit und Unwiederholbarkeit des Geschichtlichen. Das gilt nicht nur für ›die‹ Geschichte, sondern auch und gerade für eine jede individuelle Lebensgeschichte: als Einsicht in die Unwiederbringlichkeit gelebter Existenz, die sich durch intelligible Konstruktionen weder ersetzen lässt, noch durch sie gerechtfertigt werden müsste. Dies ist die ›Unruhe des Herzens‹, die durch die Synthesen, mit denen Augustin sie zu schlichten suchte, hindurch fortzittert und ihn zum Gesprächspartner der Gegenwart werden lässt.

Augustin ist eine der zentralen Instanzen der christlichen Adaptation antiker Philosophie und Theologie, insbesondere der neuplatonischen. Nietzsche hat hierfür in der Vorrede zu *Jenseits von Gut und Böse* die einprägsame – wenn auch abschätzig gemeinte – Formel vom ›Platonismus fürs Volk‹ geprägt. Für Augustin war das durchaus Programm, wenn er schreibt, dass nur ›wenige Wörter verändert‹ werden müssten, um zur Übereinstimmung zwischen Platonismus und Christentum zu gelangen. (De vera rel. 4.7) Zugleich finden sich bei ihm irritierende Ansätze eines ›umgedrehten Platonismus‹. Sein Werk zeugt von der Spannung nicht zuletzt zwischen diesen beiden Aspekten. Die folgende Einführung will diese Spannung nicht auflösen. Sie soll ihr vielmehr gerecht werden. Denn es ist neben anderen nicht zuletzt gerade diese Spannung, aus der Augustins Werk lebt.

2. Ausgangspunkte

Die frühen Texte Augustins repräsentieren eine Dekade des Übergangs. Nach der ersten religiösen Krise bzw. ›Bekehrung‹ (386) entstanden, sind sie ein Gemisch spätantiker Lehren. Die akademische Skepsis, stoische Lehren, der Neuplatonismus Plotins und manichäisches Denken sind die entscheidenden Einflüsse. Die Phase zwischen der ›Bekehrung‹ und der zweiten religiösen Krise (ca. 396/97) ist eine Auseinandersetzung mit diesen Einflüssen. Dabei steht die Kritik bzw. Abwehr des eigenen Manichäismus der Jugendzeit, d.h. die Kritik eines radikalen Dualismus manichäischer Art im Mittelpunkt. In dieser Kritik an einem manichäischen Dualismus sollen Platonismus und Christentum in Einklang gebracht werden. Deren harmonisch gedachtes Ineinander – das Christentum verstanden als ›Platonismus fürs Volk‹ (De vera rel. 4.7) – wird erst nach der Krise 396/97 fragwürdig. Allerdings bleibt das Ineinander von Platonismus – bei aller Kritik an ›den Philosophen‹ – und Christentum eine bestimmende Konstante in Augustins Werk. Leitmotivisch heißt es, dass »Philosophie als Studium der Weisheit und Religion nicht verschieden seien«: »Non aliam esse philosophiam, id est studium sapientiae, et aliam religionem.« (De vera rel. 5.8) ›Jeder Philosoph sei ein Liebhaber Gottes‹, schreibt Augustin im achten Buch von *De civitate dei* unter Berufung auf Platon: »verus philosophus est amator dei.« (vgl. Civ. 8.1; 8)

Die erste Wende in Augustins Entwicklung geht auf die Lektüre des (nicht erhaltenen) *Hortensius* von Cicero zurück. Augustin bekennt, dass diese – in der Tradition von Platons *Euthydemos* und des (wie der *Hortensius* nicht erhaltenen) *Protreptikos* von Aristoteles – zur Philosophie werbende Schrift in ihm die ›Liebe zur Weisheit‹ entzündet habe. ›Philosophie‹ wird zum Namen für den Wunsch nach ›unvergänglicher Weisheit‹, zum Inbegriff einer Lehre der ›Rückkehr zu Gott‹, die in der ›Abwendung von allem Irdischen und Veränderlichen‹ das ›glückselige Leben‹ bedeute (vgl. Conf. III.4.7-8; De beata vita 1.1-5, insbes. 1.4). Dies – ebenso wie die Formel, dass das glückselige Leben im Erreichen eines ›höchsten Guts‹ und in der Vereinigung mit ihm sich erfülle, oder die Definition, dass ›Weisheit‹ sich im Wissen der ›göttlichen und menschlichen Dinge‹ zeige – sind wenig originelle Versatzstücke hellenistischen Denkens. Für den frühen Augustin vor der Krise 396/97 scheint sich dieses spätantike Weisheitsideal bruchlos mit der eigenen geschichtlichen Existenz zusammenzufügen. Die ›Welt‹ ist (in der Bildersprache der frühen Dialoge) das ›trügerische Meer‹, dem Philosophie als der ›sichere Hafen‹ gegenübergestellt wird. ›Glück‹ schließlich sei das Festland, zu dem es, in Abkehr von dieser Welt, zurückzukehren gelte.

Dieses Weisheits- und Lebensführungsideal, in dem spätantike Philosopheme und Christentum im Postulat der Abkehr von dieser Welt harmonisiert werden, war für Augustin selbst allerdings nicht die unmittelbare Folge der Lektüre von Ciceros *Hortensius*. Es folgte vielmehr eine Phase des Manichäismus, die sich vom 19. bis zum 28. Lebensjahr erstreckte.[1] Was zog Augustin am Manichäismus an? Es ist das Faktum des *malum*. Ein Weisheitsideal, das die Faktizität des Bösen oder Schlechten im Sinne des Missglückten und des Leids leugnet, ist trügerisch. Gibt es ein ›Woher des Übels‹? Diese Frage – das *unde malum* – lässt sich auf zwei verschiedene Weisen stellen. Augustin fragt anfänglich – und der Manichäismus wird ihm zur Antwort – nach einem eigenständigen Grund des Bösen, nach einer *causa mali.* Was er sucht, ist eine Antwort auf die Frage nach der Ursache innergeschichtlicher Entzweiung (Disharmonie und Scheitern). Manichäisch ist es, die Frage nach dem Grund von Entzweiung dadurch zu beantworten, dass man Entzweiung selbst zu einem übergeschichtlichen Prinzip macht. Augustin erteilt jedem Versuch, die Frage nach dem ›Woher des Bösen‹ prinzipientheoretisch – es selbst somit ontologisierend – zu beantworten, im Rückblick auf seinen Manichäismus folgende Mahnung: »Ich fragte, woher das Böse sei, und fragte schlecht und sah in dieser meiner Nachforschung selbst nicht das Üble.«[2]

Die Antwort, die Augustin am Manichäismus anzieht, ist ein Dualismus von ›Geist – Licht – Gutem‹ auf der einen und ›Materie – Finsternis – Bösem‹ auf der anderen Seite. Der Dualismus wird zur Welterklärung, die der Welt der Verdammung die Hoffnung der Rettung entgegensetzt. Nicht um eine Erlösung der Welt geht es – weil sie prinzipiell verdammt und ›böse‹ ist, wird ihr jede Möglichkeit der Veränderung abgesprochen –, sondern um eine Erlösung *von* Welt. Die Aufspaltung zwischen Verdammung und Rettung selbst ist dualistisch. Psychische Entlastung ist die Funktion des manichäischen Dualismus. ›Nicht wir seien es, die Verantwortung für das eigene Tun trügen‹, schreibt Augustin im Rückblick, nicht wir seien es, die Schuld trügen, sondern ›es sündige eine andere, unbekannte Natur in uns‹. (Conf. V.10.18) Diese Aufspaltung der Seele gewährt die Möglichkeit, sich selbst zu entschuldigen (»excusare se«), um eine unbekannte Instanz anzuklagen (»accusare nescio quid aliud«). Wird die Seele zum Ort des Kampfes zwischen einem guten und einem bösen Prinzip, bedarf es des Bekennens des eigenen Tuns und zum eigenen Tun nicht. Der Theoremkomplex von ›Erbsünde, Prädestination und Gnade‹ wird diese die Seele zugleich be- und entlastende manichäische Bewusstseinsspaltung durch eine andere ersetzen (vgl. Kap. 3).

Was drückt sich in den pathologisch anmutenden Fabelgeschichten, die in *De vera rel.* 9.16 rekapituliert werden und in denen einer in Gut und Böse unterteilten Welt Rettung konterkarikiert wird, aus? An einem Bericht in Buch V der *Confessiones* wird deutlich, was Augustin an dem Prinzipiendualismus ontologischer, kosmologischer und psychologischer Art anzog, deren Ausdruck die manichäischen Lehren sind. Er stellt eine kosmische Projektion der Angst dar. Er habe daran geglaubt, dass auch ›das Böse ein substantielles Sein habe‹, das als Erde das überall Drohende und von überall her Bedrückende und Beengende, d.h. Beängstigende ist. Der Dualismus manichäischer Lehren erklärt Angst, indem er sie zum kosmischen Prinzip macht. Aus einer solchen Welt, die als geschlossenes System des Kampfs zweier Prinzipien verstanden wird, lässt sich nur ›fliehen‹. Für die Freiheit und die Verantwortung willentlichen Tuns ist in ihr kein Platz. Welt wird zur Phantasmagorie der Angst, in der jede geschichtliche Existenz nicht mehr bedeutet als den Schauplatz des Kampfes zweier Prinzipien. Augustin argumentiert gegen die manichäische Prinzipiendualistik damit, dass nicht ›es‹ es ist, was das menschliche Tun übermächtigt. Er betont, dass jedes Tun in der Selbstverantwortung der Willensfreiheit gründet. Jedes Tun ist Produkt, nicht Schicksal. Es ist die Freiheit des Willens, die Augustin gegen den manichäischen Dualismus wendet. Das Faktum des Übels (des »defectus«, der ›Sünde‹ genannt wird) beweist – und dies ist der Kernpunkt von Augustins Argument gegen die Manichäer – die Wirklichkeit des freien Willens. »Die Sünde ist so sehr ein freigewollt Böses, dass auf keine Weise Sünde wäre, wäre sie nicht freiwillig. Deshalb ist entweder zu verneinen, dass es Sünde gibt, oder man muss bekennen, dass sie freiwillig geschieht. Mit Wille wird gesündigt. Und da kein Zweifel besteht, dass gesündigt wird, ist nicht daran zu zweifeln, dass die Seelen freie Willensentscheidung haben.« (De vera rel. 14.27) Das Faktum des Übels hat keinen ontologischen oder prinzipientheoretischen Grund, als dessen unveränderliche Strafe das Dasein in dieser Welt zu denken ist. Das *malum* ist keine ontologische Macht. Das Faktum des Übels ist hervorgebracht. Die Frage nach seinem Woher weist auf die lebensgeschichtliche und lebensweltliche Verantwortung für das, was prinzipienlogisch als Schöpfung gedacht wird und als Geschichte keineswegs verdammt ist, zurück. Aus der Willensfreiheit resultiert eine Verantwortlichkeit für das eigene Tun. Das Theorem der Willensfreiheit, das Augustin gegen die Manichäer kehrt, bedeutet eine radikale Kritik dualistischer Denkweisen, die die Welt der Geschichte quasi negativ rechtfertigen.[3]

Neben der Betonung der Willensfreiheit spielt in der Überwindung des Manichäismus die Abkehr von verdinglichten Gottesvorstellungen die entscheidende Rolle. Nicht ›draußen‹ ist Gott zu suchen, sondern ›drinnen‹ zu finden – »Noli foras ire, in te ipsum redi, in interiore homine habitat veritas«: »Geh nicht nach draußen, kehre zu dir selbst zurück, im inneren Menschen wohnt die Wahrheit.« (De vera rel. 39.72) Dieser viel zitierte – im Übrigen auf Plotin zurückgehende[4] – Satz ist aber nicht (zumindest nicht nur) eine Aufforderung zu welt- und geschichtsentrückter Innerlichkeit. Er ist vielmehr das gleichsam methodische Postulat der Abkehr von kosmologischen oder ontologischen (und letztlich personalen) Gottesvorstellungen.

Auf zwei Aspekte, die mit der Abkehr Augustins vom Manichäismus und seiner Hinwendung zur neuplatonischen Philosophie – zu den »libri Platonicorum«, in erster Linie Plotin (ca. 205-270) in der Übersetzung von Marius-Victorinus (4. Jh., gest. vor 386) und Porphyrios (234-301/05) – einhergehen, ist noch hinzuweisen. Die Geschichten des Alten Testaments, die Schriften des jüdischen Gesetzes und der Propheten, scheinen Augustin – das ist der erste Aspekt – nun nicht mehr absurd (vgl.

Conf. VI.4.6). Er trennt nicht mehr zwischen einem jüdischen und einem christlichen Teil der Bibel und beginnt, den biblischen Text allegorisch zu lesen und zu deuten. Insbesondere dem Buch Genesis gilt sein Interesse. An die in ihrem Kern immer dualistisch bleiben müssende – anthropomorphe, demiurgische, kosmologische oder sonstige – Vorstellung eines Gottes, der choristisch einer ›Schöpfung‹ gegenübersteht, die bloße Welt der Erscheinung ist, tritt das Denken eines Zusammenhangs von ›Prinzip‹ und ›Erscheinung‹, ›Grund‹ und ›Wirkung‹. Wohl ist das ›göttlich Eine‹ unveränderlich gegenüber dem geschichtlich Veränderlichen. Das betont Augustin in *De vera religione*, der Schrift, mit der er, um den manichäischen Dualismus zu überwinden, Plotin am nächsten steht, gewissermaßen selbstverständlich. Das ›göttlich Eine‹ ist aber schöpferisch erst und nur in Beziehung auf das Veränderliche. Seine Einheit zeigt sich als Beziehung. Daraus ergibt sich der zweite Aspekt von Augustins Rezeption des Neuplatonismus. Er betrifft das Denken schöpferischer Einheit. An ihn wird die Trinitätslehre anknüpfen (vgl. Kap. 5.1). Nicht gehören Einheit und Rationalität des Geistes auf die eine und Entzweiung und Irrationalität des Lebendigen auf die andere Seite. Auf seine manichäischen Denkschritte zurückblickend, schreibt Augustin (Conf. IV.15.24), dass er in der ›Tugend den Frieden liebte, den Konsens, im Laster hingegen die Zwietracht, den Dissens‹. In jener habe er ›Einheit‹, in diesem ›Entzweiung‹ gesehen. In Einheit und Rationalität schien ihm die ›Natur der Wahrheit und des höchsten Guts‹ zu bestehen im Unterschied zur ›Entzweiung des unvernünftigen Lebens‹. Das Leben wäre so das Übel der Entzweiung im Gegensatz zur Einheit des Intelligiblen. Der ›Fehler‹, den Augustin an sich kritisiert, besteht darin, dass er Entzweiung selbst zu einem Prinzip erhob, wenn er Einheit als Gegensatz von Entzweiung dachte. Es kommt offenkundig darauf an, Einheit (*unitas*) zu denken als etwas, das in Entzweiung (*divisio*) wirklich ist. Hat die Einheit des Geistes die Vielheit des Lebendigen bloß zum Gegensatz, ist sie nicht wirklich Einheit. Damit ist der manichäische Prinzipiendualismus überwunden. In der Rezeption der neuplatonischen Einheitsmetaphysik Plotins tritt an seine Stelle ein Prinzipienmonismus. Die Einheit von Entzweiung und Einheit ist die Erscheinungsweise schöpferischer Natur. An die Stelle der Frage nach einer Ursache des Bösen tritt die Einsicht, dass Übereinstimmung (*convenientia*) die Erscheinungsweise schöpferischer Einheit ist – und dies die Übereinstimmung von in sich Verschiedenem bedeutet. An die Stelle des manichäischen Blicks auf eine ›böse‹ und zu verdammende bzw. zu fliehende Welt tritt ein gleichsam ästhetisch-harmonisierender Blick, der das *malum* als Unebenmäßigkeit (*iniquitas*) im Universum der Kreatur, das vom Einen seinen Namen hat, erklärt und ›rechtfertigt‹ (vgl. De ord. I.2.3; 7.18). Das *malum* ist nicht Prinzip, sondern Produkt menschlichen Tuns. Der manichäische Dualismus ist damit abgelöst. Er wird durch den neuplatonischen Gegensatz von Intelligiblem und Sinnlichem ersetzt.

Es ist die *ratio*, aufgrund derer sich Augustin von den Manichäern abkehrt. Es ist ein – anders gesagt – aufklärerischer Impuls in der Betrachtung der ganzen, unseren Sinnen zugänglichen Natur, der die Machwerke und Einbildungen, in denen gnostische Erlösungslehren von Welt mit krude-materialistischen Bildern einhergehen, zergehen lässt. Einleuchtender scheint Augustin, was er als die skeptische Haltung der Akademiker bezeichnet. Sie lässt sich in dem Imperativ zusammenfassen, dass »an allem zu zweifeln ist«: »de omnibus dubitandum est« (vgl. Conf. V.10.19; 14.25). In diesem Zweifel geht die Vorstellung dualistischer Hinterwelten, die der sichtbaren Welt zugrunde lägen und sie (und unser Handeln) ›eigentlich‹ bestimmen, zugrunde. An die Stelle solcher Eigentlichkeiten tritt allseitiger und jederzeitiger Zweifel. Aus ihm folgert Augustin umgekehrt, dass der Zweifel an allem zumindest eine Gewissheit nicht nur nicht bestreitet, sondern geradezu belegt: die der eigenen Existenz. An allem zweifeln zu können setze zweifellos die eigene Existenz voraus. ›Dubito ergo sum‹, könnte man sagen.[5] Dies Zweifeln kann nicht gedacht werden, ohne ›zu sein‹. Sein selbst wiederum setzt voraus ›zu leben‹. Die Erkenntnis dieser Bedingungen der Möglichkeit des Zweifelns ist ›Einsicht‹. Die ›Einsicht‹ in das eigene ›Sein‹ und ›Leben‹ führt als unhintergehbare Voraussetzung des Zweifelns selbst auf eine Gewissheit, die sich im Akt des Zweifels immer von neuem belegt. Die Zusammengehörigkeit von ›Sein, Leben und Einsicht‹ – Einsicht ist nur möglich, insofern ›ich bin und lebe‹, Sein und Leben sind nur, insofern ich sie einsehe (usw.) – wird Augustins ›Gewissheitsargument‹, das er der Skepsis der Akademiker entgegenstellt und das seinem ›Gottesbeweis‹ zugrunde liegt (vgl. De lib. arb. II.3.7.) Dieses Argument ist eine Anwendung des Postulats, dass an allem zu zweifeln ist, auf sich selbst. Es ist, mit Hegel zu reden, ein sich selbst vollbringender Skeptizismus. Augustin hat an ihm festgehalten und es verschiedene Male wiederholt. »Wer möchte jedoch zweifeln, dass er lebe, sich erinnere, einsehe, wolle, denke, wisse und urteile? Auch wenn man nämlich zweifelt, lebt man; wenn man zweifelt, erinnert man sich, woran man zweifelt; wenn man zweifelt, sieht man ein, dass man zweifelt; wenn man zweifelt, will man Gewissheit haben; wenn man zweifelt, denkt man; wenn man zweifelt, weiß man; wenn man zweifelt, urteilt man, dass man nicht voreilig seine Zustimmung geben dürfe. Wenn also jemand an allem anderen zweifelt, an all dem darf er nicht zweifeln, dass, wenn es all dies nicht gäbe, er an keiner Sache zu zweifeln vermöchte«, heißt es in *De trinitate* X.10.14 (vgl. Kap. 5.3). Dem skeptischen Hauptargument – dass wir jederzeit keine Gewissheit haben, uns nicht zu täuschen – wird keine Gewissheitsbehauptung entgegengesetzt. Augustin betrachtet vielmehr dessen logische Implikationen. ›Sein‹ (im Sinne von: ›zu sein‹) ist die unhintergehbare Voraussetzung, die einzige Gewissheit, die sich im Faktum des Zweifels und gerade in der Möglichkeit der Täuschung bezeugt: »Wenn ich mich täusche, bin ich«, heißt es in *Civ.* 11.26. Aus dem Nachdenken des »Si enim fallor, sum« ergibt sich die selbstbezügliche Struktur von ›Sein, Wissen und Lieben‹.

Das gegen die Skepsis der Akademiker gerichtete ›Dubito ergo sum‹ ist ein weiterer Schritt Augustins auf dem Weg des Denkens desjenigen, was gedacht wird, wenn desjenigen gedacht wird, was er als das glückselige Leben definiert: Gott (vgl. De lib. arb. II.16.41; Conf. X.20.29). Noch in *De civitate dei* wird es heißen, dass Gott, das ›glückselige Leben des Menschen‹, der einzige Grund des Philosophierens sei (vgl. Civ. 19.1; 26). Es ist eine Umkehr des Denkens nach ›innen‹. Diese Umkehr des Denkens zum Denken seiner selbst drückt sich in dem bereits zitierten Satz ›Geh nicht nach draußen, kehr in dich selbst zurück! Im inneren Menschen wohnt die Wahrheit‹ aus (De vera rel. 39.72). *De vera religione* ist eine Werbeschrift gegen die Manichäer. In ihr nennt Augustin die wichtigsten Argumente gegen den Prinzipiendualismus, der ihn bei den Manichäern gleichwohl angezogen hatte. Zusammengefasst lauten sie: 1) Welt ist nicht der Schauplatz oder Spielball eingebildeter (intelligibler) ›Mächte‹. Die Menschen haben die Freiheit des Willens und Verantwortlichkeit für ihr Tun. Die Tatsache des scheiternden freien Willens ist kein Ausdruck eines Prinzips. In der Faktizität auch und gerade des Scheiterns, des zum Unglück sich wendenden Handelns beweist sich via negationis die Freiheit des Willens. 2) Das *malum* ist kein Prinzip eigener Art. An die Stelle der prinzipientheoretischen Konstruktion eines ›substantiell Bösen‹ tritt die neuplatonische Privationsthese bezüglich des *malum.* Es ist ›Mangel und Beraubung des Guten‹. Es besteht im ›Schaden‹ freiwilliger Abkehr – und wird zur Erfahrung von ›Strafe‹, die im Unglück und in ›Mühen‹ besteht (De vera rel. 40.76). 3) ›Im Ganzen‹ betrachtet ist das Universum des Geschöpflichen ›schön‹. Das ist die Abkehr von der manichäischen Verdammung dieser sichtbaren Welt. Weil ihm vieles missfallen habe, habe er zwei Prinzipien – ein gutes und ein böses – seine Vorstellung von Welt bestimmen lassen. Die erfahrene Disharmonie des Schlechten war für Augustin der Grund dafür, die sinnenfällige Welt zu verdammen. Einheitsmetaphysisch denkt er sie in Harmonie. Die Welt des geschöpflich Erscheinenden ist als Überein- und als Zusammenstimmung von Verschiedenem Ausdruck eines göttlich Einen. Sofern sich die Dinge der sinnenfälligen Welt als Erscheinung dieses *unum principale* (vgl. De vera rel. 43.81) verstehen lassen, sind sie nicht – oder vielleicht genauer gesagt: nicht nur – radikal schlecht. 4) Augustin bringt in *De vera religione* Platonismus und christliche Religion in einer Weise zusammen, die zu einer harmonisierenden und harmonistischen Weltsicht führt. Das Universum wird gedacht als ein von der göttlichen Kunst hervorgebrachtes Phänomen, das in der Zeit erscheint.[6] Die Welt der Schöpfung wird zu einem ästhetischen Phänomen. Sie erscheint als erschaffenes Phänomen ewig gerechtfertigt. Sie wird so ›übergerechtfertigt‹: Was *malum* war, ist seiner geschichtlichen Bedeutung nach depotenziert. Die Faktizität des Unglücks hat in dieser dissonanzlosen Harmonie keinen Platz mehr. Der Schrecken der Geschichte, ihr Elend, kehrt in der Krise der Prädestinations- und Gnadenlehre mit Macht zurück. 5) ›Alles, was ist, ist, insofern es ist, gut‹, lautet die These, mit der Augustin die Denkgebilde einer wesenhaft oder eigenständigen ›Natur des Bösen‹ negiert. Mit dieser These setzt Augustin einer dualistischen Weltvorstellung ein Einheitsdenken entgegen. Das ›Eine‹ ist zu denken als Einheit, die sich als das schöpferische Prinzip der in der Zeit erscheinenden Phänomene erweist. Das *unum ipsum* ist *trinitas creatrix* (vgl. De vera rel. 7.13). Damit setzt in *De vera religione* die Transformierung der plotinischen Henologie in das Denken von Trinität als schöpferischer Beziehung ein. 6) Platonisierend rechtfertigt Augustin seine Abkehr vom Manichäismus und die Hinwendung zu einem nicht-dualistischen Christentum philosophisch. ›Nichts gibt es, wodurch die Seele nicht ihrer ersten Schönheit zu gedenken vermöchte, die sie verließ‹, beginnt er den Abschnitt *De vera rel.* 39.72. In welchem Verhältnis steht diese alles – vom ›Höchsten bis zum Niedersten‹ anerkennende – ästhetisch-rechtfertigende Sicht des Universums als eines in sich stimmigen, weil ›geordneten Ganzen‹, zu dem anderen Aspekt des Programms eines platonisierenden und platonisierten Christentums, der, wie Augustin gleich am Anfang von *De vera religione* festhält, sich darin erweist, dass die ›sinnliche Welt zu verachten, die Seele durch Tugend zu reinigen‹ sei, um sie ›dem höchsten Gott zu unterwerfen‹ (De vera rel. 4.6)? In welchem Verhältnis stehen, anders gesagt, platonisierender Panästhetizismus und radikale Absage an die Welt, die gleichfalls platonisch motiviert ist, da diese doch nur eine des Sinnlichen, des Veränderlichen und ›Niedrigen‹ ist, aus der es, in der Abkehr von ihr, zum ›Höchsten‹ aufzusteigen gilt?

In den *Confessiones* blickt Augustin auf die Einsichten zurück, zu denen ihm die Bücher der Platoniker verholfen haben. Es sind folgende. 1) Es gebe eine unveränderliche Wahrheit über dem Geist (der *mens*). Diese ist das ›intelligible Licht‹ des Unveränderlichen, von dem sich die *mens* ›gemacht‹ denkt. Dies Unveränderliche, das intelligible Licht lässt sich augenblickshaft berühren. 2) Mit ihm verglichen ist das Leben in der Zeit eine Rückkehr in die Welt des Veränderlichen, in die Region des Andersseins (»regio dissimilitudinis«: Conf. VII.10.16). Diese Region des Andersseins und der Verschiedenheit von dem, ›was ist‹, sei dadurch charakterisiert, dass die Dinge – im Gegensatz zum Sein der ›unveränderlichen Wahrheit‹ – ›nicht gänzlich sind und nicht gänzlich nicht sind‹. Sie ›sind‹ – weil sie von der schöpferisch gedachten ›Wahrheit‹ her sind: Sie sind nicht das zu fliehende Schlechte. Und sie ›sind nicht‹ – weil sie veränderlich sind und in ihrer Endlichkeit vorübergehen. Sie sind nicht die unveränderliche Wahrheit, die als schöpferischer Grund dieses Vorübergehens gedacht wird. 3) Augustin wiederholt die vielleicht anstößige These, dass »alles, was ist, insofern es ist, gut ist«: »ergo quaecumque sunt bona sunt.« (Conf. VII.12.18) Dies ist die antidualistische These schlechthin. Die ›Natur ist, insofern sie Natur ist, gut‹: »Omnis natura in quantum natura est bona est.« (De lib. arb. III.13.36)[7] Es ›ist‹ eine Natur, in der das Veränderliche in seiner Endlichkeit und das Unveränderliche als unendliche Ewigkeit untrennbar als ›diese‹ Welt zusammengehören. Die Veränderlichkeit des Endlichen selbst ist die Erscheinungsweise eines schöpferischen Prinzips – und als diese nicht zu verneinen, sondern zu bejahen. 4) Das *malum*, bei dem er gefragt habe, ›woher es wäre‹, ist keine eigene Wesenheit. Es ist eine Kategorie der Betrachtungsweise des eigenen Tuns. Es ist eine Kategorie der Verantwortlichkeit. Hätte es einen eigenen Grund, bräuchte das Übel nicht verantwortet zu werden. Die Psyche wäre entlastet. Es hat aber keinen eigenen Grund. Diese Einsicht in die Hinterweltslosigkeit der Welt wird Augustin in der Krise von 396/97 zugrunde gehen.

Als Platonismus rezipiert sind die Postulate der ›Verachtung der Welt‹, der ›Reinigung der Seele‹ und ihrer ›Unterwerfung unter Gott‹. Sie waren offenbar ausreichend für Augustin, um sich von der dualistischen Weltsicht seiner manichäischen Phase zu lösen.

Was ist der Preis dieser Platonismus-Rezeption, die am Motiv der Verachtung des Körperlichen und Sinnlichen (als dem Veränderlichen) festhält, um zugleich die Welt des Sinnenfälligen, sofern es als Ausdruck eines schöpferischen Prinzips gedacht wird, und die ›Welt als Ganzes‹ ästhetisch gerechtfertigt erscheinen zu lassen? Vereinfacht gesagt besteht er darin, dass Augustin den Prinzipiendualismus der manichäischen Phase, dessen geschlossene Welterklärung in der Rezeption des Skeptizismus zugrunde ging, durch einen methodischen Dualismus ersetzt. Er zeigt sich in der Parallelität verschiedener Gegensatzbildungen, die Augustin – ob platonische oder plotinische Argumentationsmuster vereinfachend oder nicht, sei hier dahingestellt – als Gegensätze festhält. Der im Gefolge spätantiker gnostischer Kosmogonien, Rettungs- und Erlösungsmythologien stehende Dualismus von ›die‹ Welt erklärenden Prinzipien wird zum Dualismus in der Erklärung von Welt selbst. Dieser methodische Dualismus erweist sich in der Entgegensetzung von Sinnlichem und Geistigem, von ›sichtbarem Äußeren und Niederen‹ und ›nicht-sichtbarem Inneren, einem Höheren‹, von Veränderlichem und Unveränderlichem, in der Entgegensetzung schließlich von Zeitlichem und Ewigem. Zur ›besseren‹ oder eigentlichen Welt, einem Inwendigen – dem *mundus intelligibilis* (vgl. De ord. II.19.51) – sei zurückzukehren in der Abkehr von dieser Welt, dem *mundus sensibilis.* Als Erscheinung ›jenes‹ Intelligiblen habe ›diese‹ Welt Sinn. Ohne diese Rechtfertigung durch die Welt eines sich unveränderlich denkenden Geistes ist die Welt des Veränderlichen und Vergänglichen zwar nicht mehr das von einem Prinzip des Bösen beseelte Schlechte, aber bloßer Schein – das Uneigentliche und Täuschung im Vergleich zum ›unveränderlichen Sein‹ –, ein Niederes, aus dem die Seele sich, nachdem sie in es abgefallen ist, zurückziehen muss, will sie sich retten. Dem Veränderlichen wird Schönheit zugestanden. Durch die in ihm wirkliche ›Schönheit göttlicher Kunst‹ ist die Welt der Erscheinungen ›gerechtfertigt‹. Aber sie wird es – als (eine vergängliche) Welt bloßer Erscheinungen – gleichsam zu sehr. Es ist eine schlechterdings transzendente, dem Sicht- und Wahrnehmbaren getrennt gegenüberstehende jenseitige Schönheit, die der niederen Schönheit des Zeitlichen – ihrer Abschattung – entgegengesetzt wird. Zu jener, der jenseitigen Schönheit, gilt es zurückzukehren. Um dieser Rückkehr zur unsichtbaren Schönheit willen müsse die *ratio* aufsteigen vom Sichtbaren zum Unsichtbaren, vom Zeitlichen zum Ewigen (vgl. De vera rel. 29.52). Dieser Aufstieg vollzieht sich in der Abkehr vom Sinnlichen, es ist ein Aufstieg zu einer ›wahrhaften Schönheit (Gleichheit und Ähnlichkeit)‹, die niemals ›mit den Augen des Fleisches‹ gesehen werden könne (vgl. De vera rel. 30.55). Es ist ein Aufstieg zu einer ›summa pulchritudo‹, zu deren Betrachtung dem Denken (*animus*) nicht das Auge, sondern die *mens*, der Geist, geschaffen sei. Es ist ein innerer Dualismus, mit dem Augustin hier den Akt des Sehens und Wahrnehmens in ein ›Jenes‹ und ein ›Dieses‹ aufspaltet. Die Erscheinungen des *mundus sensibilis* sind unterschieden von jener Schönheit, die als ihr Grund von ihnen abgelöst wird. Zu ihr sei zurückzukehren. Augustin nennt es eine Rückkehr zur Ewigkeit, die nach der Zeit beginne. Seine Adaption des Neuplatonismus führt zu einer Aufspaltung des zum ›Sein‹ substantivierten ›Ist‹-Begriffs: ›Alles, was ist, ist, insofern es sinnlich und veränderlich ist, nichtig.‹ Deshalb komme ihm kein Sein zu. Das komme nur dem Intelligiblen als dem Unveränderlichen zu. Alles dagegen, was (in der Zeit) ist, neigt sich dem Nichts zu: »vergit ad nihilum«. Es neigt sich der ›Nichtigkeit des Todes‹ zu.[8] Eine solche harmonisierende Weltsicht reduziert das *malum* zu einem bloßen Kontrast in einer – abgesehen davon – fraglosen ›Ordnung‹. Das Schlechte bildet gleichsam nur den Hintergrund, der der Verdeutlichung der Schönheit des Intelligiblen dient. Die bloße Rechtfertigung der Welt als eines ästhetischen Phänomens nimmt die Faktizität von Leid, Scheitern und Unglück – die Wirklichkeit des *malum* – nicht ernst. Es ist in der platonisierenden Weltsicht von *De vera religione* in seiner ›Nichtigkeit‹ gleichsam übererklärt. Augustin formuliert hier eine ästhetizistische Theodizee, in der die niedere Natur des Sinnlichen zur Kulisse einer ›unaussprechlichen Heilkunst‹ (*ars ineffabilis medicinae*) wird, die das ›Schändliche‹ in eine, wie Augustin sagt, ›ich weiß nicht welche Schönheit eigener Art wandelt‹: »nescio quam sui generis pulchritudinem vertat.« (De vera rel. 28.52) Verglichen mit dem ›ewigen Schauspiel der unveränderlichen Wahrheit‹ (dem »aeternum spectaculum incommutabilis veritatis«, De vera rel. 38.71) ist das Zeitliche das ›Niedere, Sinnliche, Veränderliche und Verachtenswerte‹. Diese ästhetisch-rechtfertigende Weltsicht, die ihr Ziel (ihre Erfüllung) im Auf- oder Überstieg zu einem göttlich Einen sieht, das wie ein allmächtiger Weltkünstler vorgestellt wird, findet ihre Grenze an jenem Motiv, mit dem Augustin die ›Platoniker‹ (seinen eigenen Platonismus?) kritisiert. Ihm habe die Rückkehr in diese Welt, die Reszendenz und Kondeszendenz, als die sich das Göttliche selbst entäußert und erniedrigt, gefehlt (vgl. Conf. VII.9.14.). Augustins Kritik an den Platonikern ist die Kritik an einem – wenn man ihn neuzeitlich so nennen soll – philosophischen Idealismus. Zu der Vorstellung eines gütigen Gottes als eines omnipotenten Weltkunsthandwerkers heißt es nun: »Ich hatte deine Werke betrachtet und war erschrocken.« – »consideraveram opera tua et expaveram.« (Conf. VII.21.27) Die Krise von 396/97 wird zur Reaktion auf dieses Erschrecken (vgl. Kap. 3).

In thematischer Hinsicht bleiben fünf Punkte für Augustins Gesamtwerk bestimmend. Es sind das Denken des Glücks, Selbst- und Gotteserkenntnis (Selbst- als Gotteserkenntnis), die zweideutige Frage nach dem Woher des Übels, die Frage nach dem Verhältnis zwischen Ewigkeit und Zeit sowie die Bestimmung göttlicher Sinnevidenz, die als Schönheit – als Erscheinungsweise von Ewigkeit in der Zeit – erfahren wird. *Dass* Augustin das Verhältnis zwischen Ewigkeit und Zeit – neben der fraglos repetierten neuplatonischen Dichotomie zwischen unveränderlicher Ewigkeit und veränderlichem Zeitlichem – als Verhältnis fragwürdig wird, ist einer der Punkte, mit denen er sich von tradierten Mustern abstößt. An die Stelle mythologischer, kosmologischer oder ontologischer Zeitkonzeptionen setzt er die Analyse unserer Erfahrungsweise von Zeit (und Ewigkeit), die ›Geschichte‹ ist und eine je individuelle Geschichte hat (vgl. Kap. 4.3; 6.2).

1) Der Ausgangspunkt von Augustins Denken ist die Frage nach dem Glück. Es gibt nur eine *causa philosophandi*: die Frage nach dem Glück, heißt es noch in *De civitate dei* (Civ. 19.1). Zunächst bleiben die Auffassung des Glücks und die Annahme eines allgemeinen Glücksverlangens in konventionell spätantikem Rahmen (vgl. z.B. *De beata vita* 2.10; *Contra academicos* I.2.5): »Wir wollen glückselig sein, weil uns die Kenntnis des Glücks eingeprägt ist.« Denn nur dadurch können wir wissen und sagen, dass wir glückselig sein wollen. (De lib. arb. II.9.26) Augustin insistiert darauf, dass wir das Glück kennen, weil wir es immer schon erinnert haben. ›Wer kann lieben, was er nicht kennt?‹, heißt es – noch und gerade – in *De trinitate* (De trin. XIII.4.7). Das ist nicht neu. Neu ist, wie Augustin erklärt, dass alle das glückselige Leben wollen, weil sie es immer schon erinnert haben. Es ist seine Erklärung der Möglichkeit der Erinnerung bzw. Wiedererinnerung des Glücks, die er nicht – wie Platon – an die mythische Annahme der Präexistenz der Seele bindet.[9] Glück – von dem es in den *Confessiones* heißt: »Frage ich nach Gott, so frage ich nach dem glückseligen Leben.«

(Conf. X.20.29) – ist ein innerweltliches Datum. Die Erinnerung des Glücks ist die liebende Erinnerung der Augenblicke seiner Erfahrung: die *memoria amans* seiner vorübergehenden Wirklichkeit. Dieser transitorischen Wirklichkeit gilt das Begehren ihrer Wiederholung. Die *memoria amans* ist *memoria desiderans* (Conf. VII.17.23). Da, wo Augustin auf das Phänomen der Erinnerung des Glücks und seiner Präsenz – nicht Anwesenheit – zu sprechen kommt, ist es ihm kein Jenseits. Die Erfahrung des Glücks wird vielmehr zum Inhalt (zum Grund), zur Struktur und zum Anspruch der Erinnerung. Diese Auffassung des Glücks richtet sich nicht auf ein intelligibles Jenseits oder ein Jenseits des Intelligiblen, sondern auf das Diesseits der Erinnerung. Nicht Transzendieren aus der Endlichkeit hinaus, sondern immanente oder kreatürliche Transzendenz ist ihr Prinzip. Sinn und Semantik der Erinnerung werden gerade am ›eingeprägten Wissen‹ um das ›glückselige Leben‹ bewusst. Dieses ›persönliche und erste Gut des Menschen‹ wird, weil es erinnert ist, gesucht (vgl. De lib. arb. II.19.51-52). Glück ist das Thema, dessen Rhythmus die Erinnerung bildet. Nicht nur die Möglichkeit einer Gotteserkenntnis, die nicht ›selbstgemachten‹ Einbildungen gilt, beruht hierauf. Augustin modifiziert damit auch Platons Anamnesis-Theorem in entscheidender Weise.

2) Der zweite Ausgangs- und Angelpunkt in Augustins Denken ist die Frage nach der Selbst- und Gotteserkenntnis. Leitmotivisch hält er fest: »Gott und die Seele begehre ich zu wissen, sonst nichts.« (Solil. I.7.1) und bringt den delphischen Imperativ des ›Erkenne dich selbst‹ in die rhetorisch-prägnante Form: »Erkennen will ich mich, erkennen will ich dich« – »Noverim me, noverim te.« (Solil. II.1.1) Selbsterkenntnis heißt Erkenntnis eines ›Gesprächs‹, als das sich das menschliche Denken begreift. Sie ist zu denken als Erkenntnis des Grundes, bezogen auf den sich das Denken als antwortend begreift. Der logische

Ort dieses Gesprächs ist die Erinnerung. Dass die *memoria* nicht der unterste Seelenteil ist, dessen ›der Weise sich wie eines Sklaven bedient‹ (De ord. II.4.6), sondern Bedingung der Möglichkeit und Vollzug von Selbsterkenntnis und Selbstgegenwärtigkeit, ist eine der entscheidenden Einsichten, die Augustin – mag sein contre cœur – aus spätantiker Jenseitsbefangenheit hinausführt. Die *memoria* ist kein Instrument, sondern der unhintergehbare Grund von Selbsterkenntnis. Der ›Aufstieg‹ zur Gotteserkenntnis erweist sich als ›Abstieg‹ in diesen Grund. In der Erinnerung wird die Transzendenz, die als Schönheit wirklich ist, zusammen mit der kreatürlichen Endlichkeit des Erinnerns selbst ›gefunden‹. Das ist der springende Punkt nicht nur an Augustins Antwort auf die Frage nach dem ›Grund‹ ästhetischer Urteilskraft (vgl. Kap. 4.2), sondern auch – und gerade – in seiner Explikation des Denkens der Trinität (vgl. Kap. 5.2).

3) Das *unde malum.* Die eigenständige Prinzipienhaftigkeit des Übels, die es ernst nahm, erklärte und gleichzeitig die eigene Verantwortlichkeit von ihm entlastete, zog Augustin an den Manichäern an. Die Rationalität der Skepsis und die Überzeugungskraft des Einheitsdenkens Plotins haben ihn diese Phase einer prinzipiendualistischen Erlösungslehre überwinden lassen. An die Stelle der Frage nach einem Grund oder dem Woher des Übels trat seine ästhetisierende Relativierung und Rechtfertigung. Es ist der notwendige Gegensatz zum Guten, dessen die Ordnung bedarf, die an eben diesem *malum* ihren Sinn findet und durch es gerechtfertigt ist. ›Wo alles gut ist, gibt es keine Ordnung‹, sagt Augustin. Es lässt sich keine Annahme ihrer Rechtfertigung finden. Die Ordnung bedarf des ›Üblen‹. Das *malum* wird in dieser neuplatonischen Theodizee zur Legitimation von *ordo.* Die ›Ordnung regele das Zusammensein von Gutem und Üblem‹ (De ord. II.2.2). Das *malum* ist zwar kein eigenes Prinzip mehr. Es ist Gegensatz und Mangel (Ermange-

lung, Beraubung) des Guten. Es ist in der ästhetisierenden Harmonie einer alles leitenden Ordnung aufgehoben. Das *malum* ist damit zum Erklärungsgrund der Notwendigkeit von *ordo* umgedeutet.

An einer Stelle in den *Confessiones* gibt Augustin nicht nur auf die Frage nach dem *unde malum* eine Antwort, sondern auch auf die Frage nach dem Grund dieser Frage selbst. Dieser Grund, der die Frage nach dem Woher des Übels stellen lässt, ist Furcht (*timor*). Was ist der Grund dieser Furcht? Was ist der Grund des ›Ekels am Leben‹ und der ›Furcht zu sterben‹ (»taedium vivendi et moriendi metus«: Conf. IV.6.11)? Ist die Furcht selbst das Übel – weil sie nach etwas fragt, was nicht ist, wenn das Schöpferische sowohl wie alles Geschöpfliche ›gut‹ ist (Conf. VII.5.7)? Ist das Forschen nach einer Erklärung des Bösen und Üblen selbst das Böse und Üble, weil es einen Sinn desjenigen erfragt, was sich zu Sinnvollem nicht umdeuten lässt? Augustin bejaht diese Frage, an der er falsche Erklärungsversuche für das *malum* referiert, an dieser Stelle der *Confessiones*. Er wird aber wieder zu einer Erklärung des *malum* zurückkehren. Die radikale Grundlosigkeit des Übels wird er erneut mit einem Prinzip seiner Verursachung besetzen: der Verkehrtheit des sich dem Niederen zuwendenden Willens (vgl. z.B. Conf. VII.16.22). Der späte Augustin denkt das *malum*, das die geschichtliche Faktizität von Unglück erklären soll, und die Willensfreiheit zusammen. Aber er kehrt die Argumentationsrichtung und das Beweisziel um. Nicht mehr beweist die Faktizität des Scheiterns und des Unglücks die Undeterminiertheit – und Gefährdetheit – des freien Willens. Sondern: In der Faktizität des Übels beweise sich, dass der menschliche Wille in seiner Freiheit nur Schlechtes zu bewirken vermag. Augustin funktionalisiert das Vorkommen, die ›Positivität‹ des *malum* zur Bestimmung menschlichen Tuns. Das Üble ist »privatio« oder »amissio boni«

und ›Folge‹ der Freiheit des Willens. Ohne solche Freiheit vermag eine Verantwortlichkeit des menschlichen Tuns nicht gedacht zu werden. Doch kann diese Freiheit des Willens nun nichts anderes aus sich selbst, als die Verderbtheit der menschlichen Natur zu belegen. Dieser manichäische Zug innergeschichtlicher Selbstverdammung verhärtet sich bei Augustin immer mehr. Durch ›Gottes Gerechtigkeit ist das ganze menschliche Geschlecht in die Gewalt des Teufels übergeben‹, heißt es z.B. in *De trin.* XIII.12.16. Damit hat die Frage nach dem Bösen die Funktion zurückgewonnen, die Augustin an den Manichäern anzog. Seine positivistisch vermerkte Gegebenheit wird ontologisiert. Aus einem Prinzipiendualismus wird ein prinzipieller Dualismus in der Betrachtung des innergeschichtlichen Daseins.

4) Aus der Tradition antiken Denkens – und in der von Plotin kodifizierten Form – übernimmt Augustin die Entgegensetzung zwischen Ewigkeit und Zeit. Sein Denken ist eine wichtige Schaltstelle in dieser Tradition eines strikten Gegensatzes (*Chorismos*) zwischen ›Ewigem und Zeitlichem‹. Das Ewige ist das ›Höhere, Unveränderliche, Intelligible, Unsichtbare und Bessere‹ im Gegensatz zum ›Niederen, Veränderlichen, Sensiblen, Unsichtbaren und Schlechten‹ des Zeitlichen (vgl. z.B. De vera rel. 20.38). Es gilt, die Liebe von den zeitlichen Bedingungen ab- und den ewigen Dingen zuzuwenden, die *conversio* zum Ewigen ist *aversio* vom Zeitlichen (vgl. z.B. De lib. arb. I.15.32). Es gebe zwei Arten von Dingen: ›zeitliche und ewige‹, ›vorübergehende und veränderliche‹ im Unterschied zu ›bleibenden‹ (De lib. arb. I.16.34). Das ›wahrhaft Bleibende‹ ist das Göttliche, das Zeitliche ist das Wandelbare und Ungewisse (De lib. arb. I.16.-35). Das ›Leben im Zeitlichen‹ ist ein ›Abfall aus dem Ewigen‹, ›Vertreibung aus dem Paradies ins Zeitliche‹. Ewigkeit ist das Bessere vor wie nach der Zeit. Ewigkeit ist für uns, die wir in

der Zeit sind, etwas Zukünftiges: eine »aeternitas futura«, die auf diese Welt folgt.[10] »Unruhig ist unser Herz, bis es ruht in dir«, beginnt Augustin seine *Confessiones* (I.1.1). Diese Unruhe wird in einer ›Ewigkeit nach dieser Zeit‹ enden, heißt es am Schluss. (Conf. III.36.51-38.53) Der zweifache logische Fehler dieses Arguments ist evident: ›Ewigkeit‹ wird erstens wie eine Dimension der Zeit gedacht (meistens als die nachfolgende Zukunft), zweitens wird das ›Unveränderliche‹, d.h. das ›Ist‹ der Ewigkeit vorgestellt wie eine nicht-endend lange Zeit, wie eine nicht-endende Gegenwart. Zwar geht Augustin da, wo er Ewigkeit und Zeit analysiert – in Buch XI der *Confessiones* – die Gewissheit um eine von der Ewigkeit umspannte ›Ordnung‹ der Zeiten zugrunde (vgl. Kap. 4.3). Gleichwohl wird er in *De civitate dei* an der Vorstellung einer auf die Zeit folgenden ›Ewigkeit‹ als einer nicht-endenden Gegenwart (des Glücks oder der Verdammnis) festhalten – ja, der heilsgeschichtliche Fahrplan von *De civitate dei* hängt von der Linearität des Zeitverlaufs ab, als dessen Ende Ewigkeit auf Zeit folgt (vgl. Kap. 6.1). Darin, dass solche ›zeitlichen‹ Vorstellungen dem, was Ewigkeit ist, nicht entsprechen, gründet die Beunruhigung, die von Buch XI der *Confessiones* bis heute ausgeht. Augustin bekennt, dass ein ›Geist‹, der alle Zeiten kennte, zum ›Erschaudern erschreckend‹ wäre. Es lässt sich kein Standpunkt einnehmen, der vom Vergehen des Zeitlichen ausgenommen wäre. Der Glaube an eine ›die Zeiten‹ umgreifende Ewigkeit ist nur noch die Rahmenhandlung, in deren Mitte die individuelle Zeit und ihre Geschichte tritt. An die Stelle des strikten Gegensatzes von Ewigkeit und Zeit tritt die Analyse ihres Verhältnisses. Sie modifiziert die Auffassung der Geschichte von Grund auf (vgl. Kap. 6.3).

5) Von Anbeginn ist Augustins Denken – der neuzeitliche Terminus sei erlaubt – ›ästhetisch‹ fundiert. Nicht nur galt seine (verlorene) Erstlingsschrift *De pulchro et apto* der Bestimmung

des ›Schönen und Angemessenen‹ (vgl. Conf. IV.13.20). Sein Frühwerk insgesamt lässt sich unter dieser Perspektive betrachten. Das gilt – neben den Reflexionen über die Dichtkunst und die Schönheit der ›Kunst selbst‹, die sich in ihr zeigt, der »ars ipsa«, die Augustin in *De vera religione* als die ›Kunst des Versemachens‹ heranzieht (vgl. De vera rel. 22.42), das gilt für seine Bemerkungen über die Kunst des Verstehens sprachlicher Gebilde (vgl. Conf. IV.10.15-11.17) und insbesondere für die Tonkunst (vgl. De musica). Sein Interesse richtet sich von Anbeginn nicht nur auf die Sichtbarkeit der Phänomene, die Anwesenheit des Gesehenen, sondern auch auf das Hören, auf das Tönen als zeitliches Phänomen. Für das Hören – nicht bloß musikalischer Gebilde, sondern auch und gerade alltäglicher Sprache – ist das Vorübergehen des Zeitlichen konstitutiv (und nicht bloßer ›Abfall‹ aus der Region intelligibler Ewigkeiten). Das Sehen zielt auf Zeitlosigkeit, auf Gleichzeitigkeit in einem räumlichen Sinne. Nur im Bemerken des Perspektivwechsels, der zu jedem wirklichen Sehen gehört, dringt Zeit in es, gleichsam von außen, ein. Hören dagegen hat Zeit, das Vorübergehen des Zeitlichen zur innersten Voraussetzung. Hören ist Zeitsinn. In der Analyse der Musik stößt Augustin darauf, dass Einheit und Harmonie nicht Gegensatz vergänglicher Zeitlichkeit sind, sondern gerade erst in dem und durch das Vorübergehen des Zeitlichen sich erfüllen und ›sinnvoll‹ werden. Zur ›Metaphysik des Sichtbaren‹, einer Metaphysik des Anwesendseins im Medium des Lichts, gesellt sich bei Augustin eine ›Metaphysik des Hörens‹, eine ›Metaphysik des Vorübergehens des Zeitlichen‹, eine von Zeit selbst.

In der Analyse des Hörens stößt Augustin auf den Zusammenhang zwischen Erinnerung und Zeit. In *De musica* fasst er die konstitutive Bedeutung der Erinnerung für die Erfahrung von Zeit in dem Bild von der *memoria* als dem ›Licht der Zeiträume‹ zusammen (vgl. De mus. VI.8.21). Die Antwort auf die Frage nach dem Grund ästhetischer Erfahrung, die er in diesem Zusammenhang stellt, ist das *nescio quid*, des *Je ne sais quoi* angesichts des Schönen. Was sich in der *convenientia* der Übereinstimmung und der *concordia* der Eintracht zeigt, ist eine ›Gleichförmigkeit‹ (*parilitas*). Gleichförmigkeit ist Gleichheit im Verschiedenen. Es ist ein ›Ich weiß nicht was an Urteilsfähigkeit‹: ein »juidiciale nescio quid« (De mus. VI.8.20). An dem, was uns die vorübergehende Wirklichkeit des Schönen beurteilen lässt, erfahren wir den Grund der Urteilskraft »in den Tiefen der menschlichen Seele«[11], wie es bei Kant heißen wird.

Es ist ein – von Augustin aus der Tradition übernommenes und gerade durch ihn tradiertes – Vorurteil, den Maßstab ästhetischer Urteilskraft im Aufstieg zur *summa pulchritudo* eines ›zuhöchst Einen‹ zu suchen. Dieses Vorurteil kennzeichnet den Versuch des frühen Augustin, den Neuplatonismus Plotins und den christlichen Mythos zu harmonisieren (vgl. De vera rel. 26.49; 29.52-30.56; De quantitate animae 33.70ff.). Und es taucht beim späten Augustin immer dann auf, wenn der ›Sündhaftigkeit und Verderbtheit‹ dieser Welt die intelligible Schönheit ›jener anderen‹ entgegenhalten wird. Diese Inversion einer ästhetischen Anspruchshaltung – die vorfindliche Welt hält dem Anspruchsdruck ästhetisierender Formung nicht stand – ist ein Aspekt der Geschichtsbetrachtung Augustins in *De civitate dei* (vgl. Kap. 6.2.). Doch gibt es bei Augustin auch das Denkmotiv, das, was als ›höchste Schönheit‹ gedacht wird, in seiner kreatürlichen Erscheinungsweise zu finden. Man muss nicht, um der Berührung des ›Lichtes der unveränderlichen Wahrheit‹ willen die ›Sehkraft des Geistes über alles Geschöpfliche hinausschicken‹: »aciem mentis ultra omnem creaturam transmittere« (De trin. IV.15.20). Vielleicht ist es ein spezifisch christliches Motiv, dass die gedachte Transzendenz des göttlich Einen in seiner Herablassung zum Kreatürlichen und in der Annahme der Endlichkeit besteht. In *De civitate dei* wird sich Augustin, was dieses Motiv sich selbst ›transzendierender Transzendenz‹ angeht, auf Plotin berufen (vgl. Civ. 10.14). Wahrhafte Transzendenz ist sich selbst transzendierende Transzendenz, d.h. mit Sinn erfüllte Immanenz. Eine (›höchste‹) Schönheit, eine, die gesucht wird, dagegen ist etwas Apartes und Gesuchtes. Was ist das Schöne und was die Schönheit, die mit oder in ihm als kreative Instanz gedacht wird? Augustin bekennt (Conf. IV.13.20), dass die Verirrungen in seiner Biographie von eben dieser Frage ausgingen.

Die Frage nach der Schönheit ist die Frage nach der Ewigkeit in der Zeit. Als ›Schönheit‹ erscheint, dass Ewigkeit und Zeit einander nicht entgegengesetzt sind. Die Ewigkeit lässt sich in der Zeit ›berühren‹.[12] Das ›erzitternde‹ Erblicken dieser Augenblicke der Ewigkeit geht vorbei (vgl. Conf. VII.17.23). Was als Ewigkeit gedacht wird, ist schöpferisch im Hervorgehen und im Vorübergehen des Zeitlichen, d.h. dessen ›Werden‹. Dieses ist in seiner Endlichkeit (›Vorübergehendheit‹) Erscheinung von Ewigkeit. Das Bewusstwerden dieser Zusammengehörigkeit von Ewigkeit und Zeit ist ein Bewusstwerden der schöpferischen Struktur des in der – und des als – Zeit Erscheinenden selbst. Es ist ein Erkennen Gottes in schöpferischer Diesseitigkeit. Nichts anderes ist Schönheit. Das Bewusstsein von Schönheit als schöpferischer Diesseitigkeit oder als immanenter Transzendenz ist weder eine ästhetische Rechtfertigung von Welt (wie die harmonisierende Weltvorstellung etwa von *De ordine*) noch die Stilisierung von Welt zu einem Kunstwerk (wie es manche Passagen der Neuplatonismus-Adaptation in *De vera religione* nahe legen). Die aus Vergangenem ins Zukünftige ›offene‹ Weltzeit lässt sich nicht ›wissen wie ein wohlbekanntes Lied‹, heißt es am Ende der Analyse der Zeit in den *Confessiones* (vgl. Conf. XI.31.41). Ist ›Endlichkeit‹ der Gegensatz ›ästhetischer Erfahrung‹? Die Einheit eines ästhetischen Gebildes (›eines Liedes, das ich kenne‹)

ist sinnvolle Endlichkeit. Seine Einheit, als die das Schöne – sinnlich, nicht bloß gedacht – erfahren wird, ist nicht Überwindung, sondern Durchdringen des Endlichen selbst. ›Schönheit‹ ist der Name für das Glück der Erfahrung einer solchen Einheit von Transzendenz und Immanenz.

Die Einheit des Ästhetischen ist Erinnerung sich vollbringender Endlichkeit. »Was für ein Lied gilt, gilt für seine Teile, es gilt für alle Handlungen der Menschen, für die ganze Zeit der menschlichen Geschichte, deren Teile alle Leben der Menschen sind.« (Conf. XI.28.38) Sie haben Anfang und Ende, und lassen sich im Spiel der Erinnerung wiederholen, solange dieses Spiel selbst noch nicht zu Ende ist. Die Einheit des Schönen ist der vorübergehende Augenblick seiner Erscheinung. Darin wird keine ›alle Zeiten‹ übergreifende und selbst ungeschichtliche ›Ordnung der Zeiten‹ erfahren, die sich, jedenfalls für uns, nicht wissen lässt. »Ich aber zersplittere in die Zeiten, deren Ordnung ich nicht kenne«, heißt es gegen Ende des für Augustins Verständnis von Ewigkeit und Zeit entscheidenden Buchs XI der *Confessiones.* (Conf. XI.29.39) Was wir kennen, ist das Zeitliche in seinem Vorübergehen. In der Übergängigkeit von Erwartung, Erinnerung und Aufmerksamkeit besteht und vollzieht sich die Endlichkeit der ›Kreatur‹, die ›ohne Zeit nicht ist‹ (vgl. Conf. XI.30.40). In der Endlichkeit und Übergängigkeit des geschöpflich sich Denkenden ist wirklich, was als dessen schöpferischer Grund gedacht wird. Das Bewusstwerden dieser Einheit ist die Erfahrung von ›Schönheit‹ und der Grund ›ästhetischer Erfahrung‹. Es bedingt ein Jasagen zur vorübergehenden Natur des Zeitlichen.

Das ist prima vista ein völlig unaugustinischer, die Trennung zwischen *mundus sensibilis* und *mundus intelligibilis* auflösender Gedanke. Bleibt er es auch seconda vista? Der Gedanke der Bejahung der vorübergehenden Natur des Zeitlichen kann sich auf den Augustin stützen, der die Natur des Veränderlichen als Erscheinungsweise jener schöpferischen Wirklichkeit lobt, die als Natur Gottes gedacht wird. An dem Gedanken, dass Gott zu denken ist als unveränderliche Natur (*natura incommutabilis*) und als das höchste Gute (*summum bonum*), von denen her alle Naturen (geistige wie körperliche) ›sind‹, hat Augustin im überprüfenden Rückblick der *Retractationes* festgehalten. Er hat auch an dem Gedanken festgehalten, dass die vorübergehende Natur des Zeitlichen zu bejahen ist. »Alle Naturen sind, insofern sie Naturen sind, gut«, wiederholt er die entscheidende antimanichäische These aus *De natura boni*: »omnes in quantum naturae sunt, bonas esse.« (Retract. 2.9) In *De libero arbitrio* heißt es zu diesem Jasagen zur vorübergehenden Natur des Zeitlichen, dass es »absurd« wäre, wollte man das Vorübergehen des Zeitlichen, d.h. die Endlichkeit der Naturen, nicht: »absurdissime dicimus non debere deficere.« (De lib. arb. III.15.42) Das Vorübergehen der Naturen ist die Erscheinungsweise der Ewigkeit selbst. In der ›Betrachtung der Schönheit der Dinge‹ – der »contemplatio pulchritudinis rerum« – erfüllt sich die Erscheinungsweise der Ewigkeit (vgl. De lib. arb. III.12.36). Darin, dass die Natur des Zeitlichen, die Veränderlichkeit der Dinge, zu bejahen und gut ist, besteht der ästhetische Grundzug im Denken Augustins. Es ist die Erkenntnis, dass die ›Seinsweise‹ schöpferischer Ewigkeit das ›Werden‹ der zeitlichen Dinge ist.

Nicht zuletzt Augustin hat dem Bejahen der vorübergehenden Natur des Zeitlichen als dem Begreifen der Schönheit und dem Erkennen Gottes selbst große Hürden entgegengestellt. Eine dieser Hürden ist der Theoremkomplex von Erbsünde, Gnade und Prädestination.

3. Erbsünde, Prädestination und Gnade: Augustins ›Logik der Angst und des Schreckens‹

Der Theoremkomplex von Erbsünde, Gnade und Prädestination ist ein wichtiger und dunkler Zug in Augustins Denken. Im Zusammenhang der Erbsünden-, Gnaden- und Prädestinationslehre ist von der Nichtsnutzigkeit und der Ohnmacht von Freiheit angesichts des durch Prädestination und Gnade Gedachten die Rede. Der Versuch, hier von einer Synthese zwischen Freiheit und Gnade zu sprechen, würde der Klarheit und Härte von Augustins Position, die er in den antipelagianischen Schriften zuspitzt und verschärft, nur ausweichen. Er habe in dieser Frage viel für die Freiheit des menschlichen Willens vorgebracht, doch die Gnade Gottes habe – so bekräftigt Augustin in der rückblickenden Überprüfung der in der Schrift an Simplizian gefundenen Gnadenlehre – »gesiegt«[1]. Die Freiheit des Willens wird unvordenklicher Schuld unterworfen und Gnade zum Signum der Willkür.

Das Szenario, das Augustin mit der Erbsünden-, Gnaden- und Prädestinationslehre und der mit ihr verbundenen ›Logik des Terrors‹ entwirft, ist das Dokument einer biographischen und intellektuellen Krise.[2] In ihr dokumentiert sich das Scheitern jener neuplatonisch-plotinischen Transzendenzgewissheit, wie sie im zweiten Kapitel skizziert worden ist. Die Möglichkeit intelligiblen Aufsteigens und der Berührung des Göttlichen – beides findet sich etwa im siebten Buch der *Confessiones* geschildert (vgl. Conf. VII.10.17; 17.23) – bleibt unbezweifelt. Aber es fungiert nicht mehr als jener Fluchtpunkt, der einen Ausgleich der diesseits erfahrenen Antagonismen garantiert. Die Selbstreflexion innerweltlichen Daseins findet nicht mehr zur Harmonie mit der eigenen geschichtlichen Existenz – hier klingen Impulse der Gnosis nach. Auch die im Neuplatonismus inaugurierte Harmonie einer intelligiblen Ordnung, auf die das reale geschichtliche Dasein zu überschreiten sei, kann nicht mehr beruhigen. Der Bereich innerweltlichen Daseins ist nicht als das Kunstwerk eines ›höchsten Weltkunsthandwerkers‹ zu verstehen – auch nicht in der sublimen Variante eines zuhöchst Einen, dessen prinzipielle Güte die Hierarchie einer Ordnung durchströmt. Die Vorstellung einer in Gott als diesem zuhöchst Einen gleichsam ihren Gewölbe- und Schlussstein habenden intelligiblen Ordnung geht zugrunde. »Ich hatte deine Werke betrachtet und war erschrocken«, schließt Augustin das seine Lektüre der ›platonischen Bücher‹ beschreibende Buch der *Confessiones* (VII.21.27). Die Möglichkeit der Momente einer augenblickshaften Berührung des Göttlichen besteht zweifellos. Aber diese Momente erfüllen nicht mehr die Funktion einer ›Entzeitlichung des Denkens‹. Sie bedeuten keine Überhöhung und ästhetische Rechtfertigung von Welt. Der wahrhafte Aufstieg zum Göttlichen erfüllt sich in der Rückkehr in die (platonisch-plotinisch formuliert) ›Region des Andersseins‹ (»regio dissimilitudinis«). Die Augenblicke des ›Hingelangens zu dem, was ist‹ (Conf. VII.17.23), werden zum Grund nicht nur jenseitsgerichteter Unruhe. Was ist mit der Rückkehr aus den intelligiblen Aufstiegen ins ›Gewohnte‹? Was bedeutet es, wenn Transzendenz nicht mehr als quasi kalkulierbarer Fluchtpunkt diesseitigen Daseins fungiert? Augustins Erbsünden-, Gnaden- und Prädestinationslehre dokumentiert das Vakuum, das mit dieser Frage am Ende der Antike aufbricht.

Deshalb gilt es zunächst, nach den Motiven zu fragen, auf die die Erbsünden-, Gnaden- und Prädestinationslehre den Versuch einer Antwort darstellt. Dann geht es gewissermaßen um den Befund dieses schwer verdaulichen ›Brockens des Schreckens‹. Schließlich soll nach den Implikationen der »Logik des Schreckens«[3] gefragt werden. Welche Erfahrung des Bewusstseins dokumentiert sich in ihr?

Die Krise der Gnadenlehre von 397 ist Ausdruck davon, dass Augustin das antike Ideal des Weisen, der im Aufstieg zum Intelligiblen (zur ›höchsten Kunst des höchsten Künstlers‹) sich selbst zum Kunstwerk bedürfnislosen Glücks wird, ebenso abhanden gekommen ist wie der plotinische Transzendenzoptimismus. Aus sich selbst vermag die menschliche Existenz den Überstieg zum Einen, der mehr und andauernder wäre als der Augenblick der Berührung des Göttlichen, nicht. Auf den zweiten Blick ergibt die Krise von 397, dass die Hoffnung auf Erlösung grundlos ist. Augustin ›begründet‹, dass sich im Glauben an eine göttliche Vorsehung kein Grund findet, der hinreichend wäre dafür, auch nur die Möglichkeit von – gleichsam intelligibel einsichtiger, rational einklagbarer – Rettung aus dem Zusammenhang der Schuld zu rekonstruieren. Im Glauben an eine göttliche Vorsehung ist die Hoffnung auf Rettung – profan die Idee des Glücks – nicht anders denn als willkürlich und (unverdientes) Geschenk zu denken. Mit dem Theorem der Erbsünde gibt Augustin hierfür einen ›Grund‹ an. Dieser besteht in der radikalen Verschuldetheit der gesamten menschlichen Gattung. Das Mythologem des *peccatum originale* ist eine Denkfigur der eigenen Verschuldetheit und jederzeit möglicher Schuld, der Gott zum überall und jederzeit drohenden und verurteilenden Richter wird. Gott ist nicht mehr (dies auch, aber nicht mehr nur) die Vorstellung eines intelligiblen Höchsten, eines Einen, zu dem im Denken sich aufsteigen lässt. Er wird Augustin vielmehr zum innerlich drohenden und verurteilenden Richter. Alle ›Tröstungen‹ (*hortamenta*), aber auch ›alle Schrecken Gottes‹ (*omnes terrores tuos*) wolle er berichten, beginnt Augustin Buch XI der *Confessiones*. (Conf. XI.2.2) Gott wird zum Maßstab und zum ›Dass‹ des Urteils, das das Denken in Beziehung auf sich selbst immer dann fällt, wenn es sich in der von ihm gedachten Verschuldetheit erfährt.

Destruktion der Illusionen antiker Lebenskunst – Pandämonium der Schuld: Ratifiziert die Krise von 397 nur diese Verluste? Gibt es einen ›dritten Blick‹ auf Augustins Logik des Schreckens, in dem sie gelesen wird als Selbstreflexion der Erfahrung von Schuld und als Dokument der Erfahrung, dass die Vorstellung eines göttlichen Regisseurs als des Garanten providentieller Güte die Projektion eines Wunschtraums bedeutet?

Augustin hat seine Erbsünden-, Gnaden- und Prädestinationslehre in der Quaestio I.2 der Schrift *De diversis quaestionibus ad Simplicianum* als Kommentar von Röm. 9.9-29 formuliert. Vor der Diskussion des Befunds dieser Gnadenlehre ist ein Blick darauf nötig, was durch sie erklärt werden soll. Es geht um die Strategie, in der die Erbsünden-, Gnaden- und Prädestinationslehre als Mittel zum Zweck gebraucht wird. Augustin entfaltet sie unter folgenden Prämissen bzw. Vorgaben. Gott wird in neuplatonischer Tradition als unveränderlich gedacht. Zu dieser Unveränderlichkeit des gedachten Gottes gehört, dass er – sein Wollen, seine Vorsehung – keiner Einwirkung ausgesetzt ist. Die Vorsehung Gottes wird in Analogie zum menschlichen Willen gedacht – als unveränderliches, durch nichts zu beeinflussendes, gewissermaßen unbeirrbares Wollen. Die göttliche Vorsehung wird gedacht wie ein Urbild desjenigen, wovon das menschliche Wollen sich als veränderliches Bild erfährt. Wäre sie nicht unveränderlich, drückte sich in dem dem menschlichen

Willen analogen Willen der Vorsehung nicht das göttliche Eine aus. Es ist eine durch das Bild vom Töpfer in Röm. 9.21 angeregte personale – anthropomorphe und technomorphe (vgl. die Rede vom *artifex*: De vera rel. 36.67) – Gottesvorstellung, deren Vorsehung in ihrer Unveränderlichkeit und Impassibilität gerechtfertigt erscheinen soll. Gerechtfertigt werden soll die Gerechtigkeit der göttlichen Vorsehung trotz bzw. im Hinblick auf die offenkundige Ungerechtigkeit, die Röm. 9.13 in aller Deutlichkeit zum Ausdruck kommt: ›Jakob habe ich geliebt, Esau habe ich gehasst.‹ Lässt sich diese Ungerechtigkeit der Instanz, die doch das Prinzip aller Gerechtigkeit sein soll, als Gerechtigkeit (göttlicher Vorsehung) rechtfertigen? Einen solchen sie rechtfertigenden ›Sinn‹ hat sie nur dann, wenn durch sie a) (bezüglich Esaus) eine Schuld bestraft wird und b) (bezüglich Jacobs) die Rettung durch göttliche Gnade (Wahl, *electio*, Prädestination) ihrerseits unbegründet ist: Wäre sie begründet, würde Gott als das Prinzip der Gerechtigkeit seinerseits nur eine Schuld abtragen. Er wäre nicht frei und was Gnade heißt, kein ›Geschenk‹. Das ›Plus‹, das Gnade heißt, ist kein Teil eines Kalküls. Insofern ist es unverdient und ›willkürlich‹. Das gilt gerade auch für die Gnade als Teil göttlicher Vorsehung. Dieses Argument ergänzt Augustin nun aber noch damit, dass das Glück der Gnade die Ausnahme von einem prinzipiell vorhandenen Schuld- und Verdammungszusammenhang bedeutet, und führt den »sekundären Mythos« des Erbsündentheorems ein.[4] Das Erbsündentheorem stellt zusammen mit der Prädestinationslehre eine ontologische Zusatzhypothese dar, die erklärt, dass Verdammung und Schuld (Unglück) den vorherbestimmten Standardfall, Glück hingegen die Ausnahme der (ebenfalls vorherbestimmten) Errettung aus dem Zusammenhang von Schuld bedeutet.

Es ist die Verknüpfung der semantischen Evidenz, dass das Glück der Gnade unverdient ist – sonst wäre es weder Gnade noch Glück –, mit dem Prädestinations- und Erbsündentheorem, die aus Augustins Gnadenlehre ein Szenario der Angst und des Schreckens werden lässt. Umgekehrt initiiert ihr Willkürszenario die Inversion jeder Form einer Theodizee. Mit Gnade benennt Augustin mehr als zu erklären, dass es nur Verdammung und Schuld gibt. Ontologische oder kosmologische oder theologische ›Begründungen‹ einer Güte Gottes werden destruiert. Es gibt, soll von der göttlichen Vorsehung her erklärt werden, dass mehr ist denn Verdammung und Schuld, nur die Grundlosigkeit und Unvordenklichkeit der Errettung aus einer für sich unausweichlichen Schuld. Nicht das Unglück, sondern Glück ist der Ausnahmezustand. ›Gnade‹ wird zum Namen für diese Grundlosigkeit des Glücks. Muss dieses aber überhaupt in einer den Bereich innerweltlichen Handelns und innerweltlicher Verantwortlichkeit durchherrschenden Vorsehung rückversichert werden? Ist das ›Mehr‹ des Glücks – das Entrinnen aus dem Zusammenhang gedachter Schuld – nicht etwas, das sich selbst rechtfertigt und begründet?

Zum Befund von Augustins Erbsünden-, Gnaden- und Prädestinationslehre. Der Anlass – oder Stein des Anstoßes – für sie sind vor allem die Stellen Röm. 9.13/14; 9.18; 9.20/21. »Jakob habe ich geliebt, Esau aber gehasst. Ist (deswegen) etwa Ungerechtigkeit bei Gott? Das sei ferne! – Also erbarmt er sich, wessen er will, und ›verstockt‹, wen er will. – O Mensch, wer bist du denn, der du mit Gott rechten willst? Sagt etwa das Gebilde zu dem, der es machte: Warum hast du mich so gemacht? – Oder hat nicht der Töpfer Gewalt über den Ton, um aus der gleichen Masse ein Gefäß zur Ehre, das andere zur Schande zu machen?« Im Folgenden wird es darum gehen, die Argumentationsscharniere nachzuzeichnen, mit denen Augustin die durch nichts begründete Ungerechtigkeit gegenüber Esau – der Hass auf Esau ist ohne ungerechte Tat ungerecht, hält Augustin fest:

Was ›rechtfertigt‹ ihn? – zu einer ›gerechten Strafe‹ göttlicher Vorsehung umdeutet. Diese Umdeutung ist der Versuch, der im primären Mythos unausweichlich benannten Ungerechtigkeit einen Grund zu geben, der sie rechtfertigt. Es ist der Versuch einer Rechtfertigung Gottes. Warum hat sich Gott Esaus nicht nur nicht erbarmt, sondern ihn gehasst, wenn er der Gott ist, der alles zum Gutsein gemacht hat, und sieht, dass alles gut ist – wenn er zu denken ist als sich erbarmender Gott? »Das bewegt ja am meisten«, schreibt Augustin: »Wenn er sich erbarmt, dem er sich erbarmt hat, und Barmherzigkeit gewähren wird, dem er barmherzig war, warum blieb Esau diese Barmherzigkeit versagt, so dass auch er durch sie gut gewesen wäre, so wie Jakob durch sie gut geworden ist.« (Ad Simpl. I.2.9) Wie lässt sich von einer Vorsehung Gottes her denken, dass Esau zu einem Demonstrationsobjekt der Rache und Verdammung geschaffen ist? Gibt es einen Grund dafür, dass Gott nicht nur Instanz der Barmherzigkeit ist, sondern auch – und gerade – das ewige Symbol der Verdammung, Strafe und willkürlichen Rache? Was, wenn göttliche Vorsehung nicht nur für das Versprechen der Errettung steht, sondern eine Phantasmagorie des Unheils bedeutet? Was ist der Sinn der durch nichts gerechtfertigten Verdammung Esaus, die ohne jeden Grund ›schon im Mutterleib‹ erfolgte? Augustin denkt bei dieser ›lästigen‹ (vgl. Ad Simpl. I.2.10), weil ärgerlichen Frage an ein Konkurrenzmodell zwischen menschlichem Tun (und der Willensfreiheit, die es hat) und göttlichem (das als Strafe oder Barmherzigkeit gedacht wird). *Entweder* ist etwas durch menschliches Tun versucht *oder* (im ausschließenden Sinn) durch göttliches (Gnade). Gilt dieses Konkurrenzmodell vor dem neuplatonischen Hintergrund der Unveränderlichkeit des intelligiblen Einen, als das Gott gedacht wird, so folgt der Sieg der Gnade über die Willensfreiheit unausweichlich. Was als unveränderliche Instanz gedacht wird, wäre nicht in jeder Hinsicht und jederzeit allmächtig, sollte es als nicht-willkürlich gedacht werden können.

Ab Kap. 16 der Quaestio I.2 an Simplician bringt Augustin seine Erklärung der Willkürlichkeit des sich erbarmenden oder strafenden Gottes vor. Die zu beweisende Voraussetzung ist, dass Gott nicht nicht-gerecht gedacht werden. Die Gesetze des einfachen Warentauschs, die Regelung der Schuld in irdischen Verträgen seien Beweis sowohl wie Spur jenes ›Gipfels der Gerechtigkeit‹, der als göttlich gedacht wird. Augustin sagt, dass sich in der bei Strafe praktizierten Gerechtigkeit zwischenmenschlicher Schuldverhältnisse ein ›Hauch jener Gerechtigkeit (*aura iustitiae*)‹ zeige, die mehr ist denn die bloße Vergeltung von Schuld. ›Gerechtigkeit‹ ist nicht Exekution von Schuld, sondern wäre Erlass der Verschuldung. Ein solcher lässt sich mit Grund nicht fordern. Er lässt sich insbesondere dann nicht fordern, wenn das intelligible Eine in Analogie zum obersten Wächter der Schuldverhältnisse des einfachen Warentauschs und der Einhaltung seiner Regeln gedacht wird. In diesem Denkmodell steht menschliches Handeln nicht nur in einem Verhältnis der Konkurrenz zum göttlichen Tun bzw. zur göttlichen Vorsehung. Es steht auch und vor allem in dem prinzipieller Schuld. Die offenkundige Willkür göttlichen Erbarmens beruht darauf, dass die ›Gerechtigkeit‹ göttlicher Vorsehung in der gerechten Strafe für eine Schuld besteht. Die Willkür göttlichen Erbarmens – das anders nicht denn als willkürlich erfolgend gedacht werden kann: sonst wäre der unveränderliche Gott einer Einwirkung ausgesetzt – ist dann zu rechtfertigen und zu erklären, wenn sie einen generellen und unaufhebbar radikalen Grund hat. Als diesen Grund, als den (selbstverschuldeten) Ursprung der Verdammung des Menschengeschlechts denkt Augustin die Erbsünde. Der sekundäre Mythos des Erbsündentheorems soll der Grundlosigkeit göttlicher Willkür eine Begründung und einen Sinn geben. »Es sind also die Menschen – da ja, wie der Apostel sagt, in Adam alle Menschen sterben, von dem sich in das ganze menschliche Geschlecht der Ursprung der Beleidigung Gottes fortpflanzt – gleichsam ein Dreckhaufen der Sünde, der von der göttlichen und höchsten Gerechtigkeit die Todesstrafe verdient hat, wobei es keinerlei Ungerechtigkeit ist, wird sie eingefordert oder erlassen.« (Ad Simpl. I.2.16) Das Theorem der Erbsünde ist eine den Gesetzen des einfachen Warentauschs entlehnte Denkfigur der Schuld. Es ist ein Theorem der Selbstverschuldung. Gott zwinge niemanden zu sündigen – nur könne als göttliche Vorsehung weder die Verhinderung solcher Selbstverschuldung gedacht werden noch, dass das Erbarmen der Rechtfertigung allen geschenkt werde. Der Sinn göttlicher Vorsehung ist nicht der einer Erlassung dieser Schuld. ›Vorsehung‹ wird vielmehr die Vorstellung eines geschlossenen und nicht – es sei denn willkürlich – zu durchbrechenden Regelwerks der Schuld selbst. Was als göttliche Vorsehung gedacht wird, ist keine Appellationsinstanz in einem Verfahren, in dem das Urteil noch ausstünde. Das Urteil ist – denkt sich das menschliche Denken als in radikalem Sinne verschuldet – von Anbeginn gesprochen und jede Möglichkeit einer Berufung verworfen.[5]

Das ›menschliche Geschlecht ist eine selbstverschuldeter Verdammung überlieferte Masse‹. Wenn sich bei Gott keine Ungerechtigkeit denken lässt, dann muss jede Strafe als gerecht und jede Ausnahme von der Bestrafung als Gnade unverdient und willkürlich sein. Wird Schuld eingefordert – im Erleiden von Strafe –, lässt sich keine Ungerechtigkeit beklagen. Wird sie erlassen – in der Gnade der Nicht-Bestrafung –, solle niemand sich eigener Verdienste rühmen. Ist Gott unveränderlich und keiner Einwirkung ausgesetzt und das höchste und transzendente ›Eine und Gute‹ – und denken wir uns als in radikalem

Sinne verschuldet –, dann lässt sich im Rahmen einer ›Vorsehung‹ kein Erlass von Schuld konstruieren. Im Konkurrenzmodell zwischen göttlichem und menschlichem Tun bleibt kein Ausweg.

Trotzdem will Augustin an der Vorstellung festhalten, dass die menschliche Existenz sich nicht nur als verschuldet, sondern auch als einem ›gütigen‹ Prinzip verdankt denkt. Er fragt danach, wie sich der Hass auf Esau damit zusammenbringen lässt, dass Gott nichts von dem hasst, was er gemacht hat. ›Alles, was ist, ist, insofern es ist, gut‹ – sagt der biblische Mythos seit Anbeginn. Dieses Motiv hatte Augustin (vgl. Kap. 2) gegen die Manichäer gekehrt. ›Alles, was ist‹ erscheint als in der Zeit vorübergehende Schöpfung, als *creatura.* Begreifen wir uns als *creatura*, so denken wir uns aus einem Grund ›verdankt‹. Sich nicht diesem Prinzip des Erscheinens von *creatura* verdankt zu denken ist für Augustin der Hochmut des Eigenwillens, den er als die Sünde bezeichnet, die »Gott allein im Menschen hasst«. ›Seit Adam‹, so Augustins Konstruktion, erfährt sich die menschliche Willensfreiheit zum Hochmut des Eigenwillens verdammt. Sie erfährt die eigene Willensfreiheit als Grund ursprünglicher Verschuldung. ›Willensfreiheit‹ wird Verantwortung zur Schuld. Niemand könne von sich sagen, nicht schuldig zu sein: »Nemo se recte diceret non debere.« (Ad Simpl. I.2.18) Unversöhnbares Erinnern von Schuld ist die Schuld, der nicht entgangen werden kann. Dafür steht der Mythos des *peccatum originale.* Durch den Akt der Fortpflanzung ist die menschliche Gattung seit Adam verdammt durch die fleischliche Begierde (die *concupiscentia carnalis*), die als »Strafe der Sünde herrscht und, der ursprünglichen Schuld wegen, die in alle fortdauert, das ganze Menschengeschlecht (*universum genus humanum*) wie zu einem ganzen und einheitlichen Dreckhaufen (*tamquam totam et unam conspersionem*) durcheinandergemischt hat.« (Ad Simpl. I.2.20) Nicht die Verdammung ist erklärungsbedürftig – Augustin benutzt das Erbsündentheorem ja gerade, um die unaufhebbare Schuldhaftigkeit menschlicher Existenz zu erklären. Erklärungsbedürftig ist vielmehr, dass es nicht nur Verdammung, Schuld und Unglück gibt. In diesem geschlossenen Zusammenhang von Schuld ist nicht die Verdammung, sondern die Möglichkeit der Errettung ›irrational‹. Es ist Gnade, dass auch Errettung und Glück ist. Diese Gnade als die Errettung aus dem Schuldzusammenhang menschlicher Existenz lässt sich nicht als Vorsehung konstruieren. Sie lässt sich überhaupt nicht konstruieren. Die Wahl zum ›Gefäß der Ehre oder der Schande‹ ist – soll ihr ein intelligibler Grund gegeben werden –, vor aller Zeit geschehen‹. Diese Prädestination lässt das Erbsündentheorem zu einer geschlossenen Logik selbstverschuldeter Verdammnis werden.

Noch einmal. Die mit Erbsünde und Prädestination verknüpfte Gnadenlehre ist ein Denken selbstverschuldeter Verdammung. Wenn es ein Entrinnen – und es gibt die Erfahrung der Augenblicke der Berührung des Göttlichen, die des Glücks – aus diesem Schuldzusammenhang gibt, so ist es Gnade. Es ist unverdient und auch nicht konstruierbar (in einer intelligiblen Ordnung göttlicher Vorsehung etwa) – es sei denn, und das ist die Denkfigur der Gnade, durch Willkür. Diese ›geschlossene Logik‹ von Erbsünde, Gnade und Prädestination widerruft 1) die Harmonie zwischen einem entgeschichtlichten Weisheitsideal und einer Hoffnung, die nicht nur jenseitsgerichtet ist. In soziokultureller Hinsicht konnte dieser Widerruf des harmonischen Ineinanders von philosophischem Weisheitsideal und christlichem Lebensführungsanspruch als ein Plädoyer für autoritäre, dezisionistische Herrschaft und für Gewalt und Intoleranz gedeutet werden. Wenn das Tun Gottes willkürlich ist und alles Fragen nach einem rationalen Grund Hochmut ist, dann ist jede Form des Dezisionismus durch dieses ›Vorbild höchster

Herrschaft‹ gerechtfertigt. Die Gewalt autoritärer Herrschaft ahmt die Willkür des höchsten Wollens nur nach. Weil die Menschen verdammt sind, ist 2) Gewalt gerechtfertigt. War Augustin in *De vera religione* Christus noch das Sinnbild der Gewaltlosigkeit, so wird der späte Augustin dies ausdrücklich kritisieren, um mit Christus (die Anwendung von) Gewalt zu legitimieren. Gewalt ist notwendig und gerechtfertigt um der Rettung der Menschen willen, die (eigentlich) alle verdammt sind.[6] Vor diesem Hintergrund kann gesagt werden, dass Augustin mit seiner Erbsünden-, Gnaden- und Prädestinationslehre zum »Klassiker der christlichen Intoleranz«[7] geworden ist. In theoretischer Hinsicht widerruft Augustin 3) in erster Linie seine Lehre von der Willensfreiheit. Zwar erhält er die Freiheit des Willens aufrecht. Aber er benutzt sie nur noch als Erklärungsgrund von Verschuldung. Ursprüngliche Verschuldung wird zum unhintergehbaren Datum menschlicher Existenz. Es gibt die Freiheit des Willens – aber was vermag sie unter der Voraussetzung unvordenklicher Schuld (vgl. Ad Simpl. I.2.21)? Augustin destruiert die Willensfreiheit nicht. Er funktionalisiert sie. Sie macht für das eigene Tun verantwortlich. Die Freiheit des Willens wird zum Grund des Bewusstseins eigener Schuldhaftigkeit. 4) schützt Augustin, was er als göttliche Vorsehung denkt, gewissermaßen vor dem menschlichen Tun, um mit ihr – und da nur durch Willkür – denkbar bleiben zu lassen, dass die Geschichte des menschlichen Geschlechts nicht nur in Verdammung und Unglück besteht. Das Glück der Errettung ist möglich. Aber es lässt sich durch keine Vorsehung begründen oder einfordern. Vor der Instanz, die als Gott gedacht wird, kann mit Grund keine Rechtfertigung oder Verzeihung von Schuld erwartet werden. Im Zusammenhang der geschlossenen Logik von Erbsünde, Gnade und Prädestination ist die Gottesvorstellung die eines sich rächenden Gottes, der in Konkurrenz zum menschlichen Handeln nicht anders verfährt als eben dieses, das sich verschuldet begreift. Der so konzipierte Gott ist nicht besser als seine Kreatur. Die Vorstellung einer Harmonie zwischen der Wirklichkeit einer schöpferisch gedachten ›unveränderlichen und wahren Ewigkeit der Wahrheit‹ (Conf. VII.17.23) auf der einen Seite und einem Gott, dessen Tun in Analogie zum menschlichen Handeln gedacht wird, auf der anderen Seite wird damit nicht nur in höchstem Maße fragwürdig – sie wird widerrufen. Der Gott der Erbsünden-, (Gnaden- und Prädestinations-)Lehre ist ein Symbol der Verfallenheit menschlicher Existenz an selbstverursachte Schuldhaftigkeit. Die Rechtfertigung, mit der Augustin die Frage nach der Ungerechtigkeit göttlichen Tuns beantwortet, ist eine Reaktion auf das Bewusstsein dieser Schuldhaftigkeit. ›Alle haben in Adam gesündigt‹ und sich selbstverschuldeter Verdammnis überliefert. Gott wird in diesem Mythologem, mit dem das Denken die Schuld erklärt, der verhaftet es sich erfährt, zum Symbol der Rache. Der Gott der Liebe ist zum Gott willkürlicher Gnade und unbegreiflicher Prädestination mutiert.

Was dokumentiert sich in dieser Logik selbstverschuldeten Schreckens, wenn man auf die (personale) Vorstellung eines willkürlich sich rächenden oder erbarmenden Gottes verzichtet? Was dokumentiert sich in einer Denkform, der Gott nicht mehr (nur) das zuhöchst Eine und das Prinzip gütiger Rechtfertigung ist, sondern Zeichen dafür, dass ein das eigene Tun entlastender und freisprechender Grund von Rechtfertigung nicht zu denken ist? Welches Selbstverhältnis des Denkens drückt sich in der Denkfigur aus, dass Gott die jederzeitige Drohung von Unheil bedeutet? Es wird ein Vakuum registriert. Der Gott, dessen Tun Augustin durch die Erbsündenlehre rechtfertigt, verzeiht nicht(s). Er ist eine Denkfigur mit sich selbst entzweiten Denkens. Augustin initiiert damit in einem prinzipiellen und radikalen Sinn die Säkularisierung theologischer Denksicherheiten. Bewusstsein wird zur ›Erfahrung seiner selbst als Mitte‹ – zum »experimentum suae medietatis« (De trin. XII.11.16). Aber dies ist nicht das einzige Resultat der Destruktion, dessen Ausdruck Augustins Gnadenlehre ist, wenn man sie als Erfahrung des Bewusstseins und als Index eines kulturgeschichtlichen Paradigmenwechsels liest.[8] Auch Sinn und Funktion jener lebensweltlichen Selbstverständigung, die ›Theorie‹ heißt, verändern sich. Der Bruch mit dem antiken Ideal einer in Gott als dem zuhöchst Einen und Gütigen ihren Schlussstein findenden intelligiblen Ordnung, in der die Antagonismen gelebter Existenz aufgehoben sind, entlastet Theorie von ihrer (neuzeitlich gesprochen) ideologischen Funktion, die erklärt, dass ›im Prinzip alles gut und gerechtfertigt ist‹. Nicht mehr Rechtfertigung, sondern Kritik wird ihr Sinn. Das wird insbesondere für Augustins Verständnis der Geschichte wichtig (vgl. Kap. 6).

Doch noch einmal zurück zur Gnadenlehre. Was ist mit dem Kernpunkt der Frage, auf die Augustin mit dem Erbsündentheorem antwortet – dem Bewusstsein der Schuld? Lässt sich Schuld denken als Bewusstsein nicht gebrachten Danks? Lässt sich die Selbstanklage der Verstrickung in Schuld auch als Ausdruck mit sich selbst unversöhnter Erinnerung verstehen? Muss die Evidenz, dass Glück unverdient ist – wäre es verdient, müsste es geplant werden können –, durch ontologische Zusatzhypothesen ›erklärt‹ und dadurch entkräftet werden?

Auf diese Fragen soll im ersten Abschnitt des folgenden Kapitels zu den *Confessiones* eingegangen werden.

4. Selbsterkenntnis als Gotteserkenntnis: *Confessiones*

4.1 Schuld und Gnade als Selbstreflexion der Erinnerung

Die dreizehn Bücher *Confessiones* sind ein Dokument der Erinnerungsarbeit, das die in der Schrift an Simplizian gefundene Gnadenlehre literarisch umsetzen und vor aller Öffentlichkeit demonstrieren soll. Schon der Titel ›Confessiones‹ indiziert die Kernpunkte der Gnadenlehre. Alles eigene Tun verstrickt sich in selbstverschuldete Verdammung: Das ist das Schuldbekenntnis. Glück dagegen ist unverdiente göttliche Gnade: Ihr gilt das Preisbekenntnis. Die Krise der Gnadenlehre lässt die Möglichkeit der – neuplatonisch formuliert – Aufstiege zum intelligiblen Einen bzw. Höchsten unbezweifelt.[1] Was nun hinzukommt, ist, dass in diese Aufstiege die Erfahrungsweise unserer selbst als Zeitliches hineinwandert. Die *Confessiones* werden dadurch zu einer Demonstration der Geschichte des *individuum ineffabile*, mit der Augustin das Recht von Subjektivität in epochal neuer, bis dahin unerhörter Weise exponiert.[2]

In starken Farben malt er die unverdient erfahrene Gnade und die Schrecken, die er sich als verdiente Strafe zurechnet. In Buch XIII benennt er das Prädestinationstheorem zuerst als Lobpreis des Glücks eigener Rettung (XIII 1.1) – dann mit aller Härte und Rigidität: Im ›Verborgenen‹, noch ehe das Firmament wurde, habe Gott geteilt und gerufen und bestimmt, wer zur Gnade gelangen und wer in der immerwährenden Bitternis bleiben werde. (XIII.23.33) Es gibt keinen Grund, an der eigenen Verdammung zweifeln zu wollen. Dabei wird in den *Confessiones* der Sieg göttlicher Gnade darüber, was die Freiheit des menschlichen Willens aus Eigenem vermag, sehr viel stärker in den Vordergrund gerückt als die Prädestination zum Unglück der Verdammung. Das Glück(en) einer Handlung, die sich nicht in dem Zusammenhang eigener Schuld verfängt, ist Augustin (nur denkbar durch) göttliche Gnade. Am deutlichsten wird die Demontage der Willensfreiheit in dem Bericht über den ›Birnendiebstahl‹ in Buch II. Was er aus sich getan habe, war das Böse, lautet das Fazit dieses Dokuments mühseliger Selbstbezichtigung (vgl. II.7.15). »Wer seine wahren Verdienste aufzählt, was zählt er dir anderes vor als deine Gaben«, heißt es gegen Ende der fiktionalen Autobiographie, die vor allem dem Dank unverdient erhaltener Gnade gilt (vgl. IX.13.34). »Deine Gaben bekenne ich dir preisend.« (IX.6.14)

Die Erinnerungsarbeit in den *Confessiones* ist aber nicht nur das Bringen des Danks für unverdientes Glück. Bekennen will Augustin alle »Zusprachen, Schrecken, Tröstungen und Leitungen Gottes«: »omnes hortamenta tua et omnes terrores tuos et consolationes et gubernationes« (XI.2.2). *Omnes terrores.* Der Gott der Gnaden- und Prädestinationslehre, die durch die Bekenntnisse ›bewiesen‹ werden soll, mutiert, wird er zu einer *dramatis persona* vergegenständlicht, zu einem Gott des Schreckens. ›Wer aber, wenn nicht der eine Gott ist zu fürchten‹, heißt es im zweiten Buch: »quis autem timendus nisi unus deus« (II.6.13) – und im zwölften, dass ›deine Urteile erzittern lassen und uns schrecklich ermahnen‹: »tremenda sunt; terribiliter admonens nos« (XII.25.34). Mit Schrecken wird die Strafe, die der Erfahrung eigener Schuldhaftigkeit droht, erinnert und bekannt. Die

Erfahrung eigener Schuldhaftigkeit ist die Entzweiung der Erinnerungsarbeit in ein Bekenntnis der Gnade und des Glücks auf der einen Seite, das dem Bekenntnis der Schuld und jederzeit gerechtfertigter Strafe auf der anderen gegenübersteht. Die Erinnerung nicht gebrachten Danks ist die Strafe dieses Nichtbringens selbst: Gefühl der Schuld.

Gibt es eine Versöhnung des Erinnerungsvermögens mit sich und in sich selbst? Sie klingt am Schluss seiner Analyse in Buch X an (vgl. X.42.67). Wird dadurch denkbar, dass die Erinnerung der Schuld aus der geschlossenen Logik von Verschuldung und Bestrafung heraustritt und sich selbst als die Gnade der Verzeihung erfährt? Gibt es neben der Logik unversöhnlicher Schuld mit ihrem Gott besinnungsloser Willkür auch die Logik der Versöhnung mit Gott? Kann Gnade gedacht werden als jenes ›Plus‹, das aus der Verzirkelung von Schuld und Strafe hinausführt? Sie stünde dann für das Glück, das dem Zusammenhang der Schuld und gnostischer Selbstverdammung entronnen sein lässt. Als diese ›Gnade‹ erfahren wir die Innerzeitlichkeit des glückseligen Lebens. Wie hätten wir es sonst erinnert? – und wir haben es erinnert, denn es dient uns als Maßstab, der eine entfremdete Realität als entfremdete beurteilen lässt. Die Innerzeitlichkeit des Glücks ist Transzendenz in der Immanenz. Ihr – dem Glück der Gnade – gilt der Dank des Erinnerns (vgl. VIII.1.1). An ihm kehrt das Denken aus selbstverschuldeter Verdammung in seine Endlichkeit zurück. Diese dankende Rückkehr ist nach der Krise der Gnadenlehre, die den Blick in den Abgrund rettungsloser Selbstverschuldung wirft, eine Umkehr zur eigenen Endlichkeit.

Die *Confessiones* sind Erinnerungsarbeit: Übersetzung des Vermögens der Erinnerung in Sprache. Dies geschieht in den ersten neun Büchern in einem mehr oder minder autobiographischen Bericht. Dieser Bericht kommt, was das Thema des

Begreifens der Erinnerung als Gottesbekenntnis angeht, zum Abschluss mit der Schilderung des Gesprächs in Ostia, mit dem Augustin seiner Mutter ein literarisches Denkmal gesetzt hat und in dem in Buch IX von der Selbsteinsicht der Berührung des Göttlichen und vom Schweigen die Rede ist (vgl. IX.10.23-11.27). Das *momentum intellegentiae*, der Augenblick der Selbsteinsicht, den Augustin hier zurückruft, ermöglicht im zehnten Buch das Bekenntnis und die Analyse desjenigen, was er »von sich weiß und nicht weiß« (X.5.7). Deren Resultat – und Antwort auf die Frage, was geliebt wird, wird Gott geliebt – ist das Bekenntnis zur »pulchritudo tam antiqua et tam nova« (vgl. X.7.11;27.38). ›Schönheit‹ ist der Name für die Erscheinungsweise von Ewigkeit in der Zeit. In Buch IV stellt Augustin seine Grundfrage nach der Schönheit zum ersten Mal. In Buch VII beschreibt er den Aufstieg zur Berührung des schöpferischen ›Ists‹ der Ewigkeit. Dieses selbst – »Es selbst: *id ipsum*«[3] – ist der Grund, nach dem man fragt, wenn man fragt, was die Schönheit des kreatürlich Erscheinenden beurteilen lässt. Es ist der Grund einer ›liebenden und wiederbegehrenden Erinnerung‹ (vgl. VII.17.23). Buch X dann analysiert die Erinnerung und beantwortet die Frage, woran wir die *memoria* als ›Kraft des Lebens im sterblich lebenden Menschen‹ (X.17.26) begreifen – und mit ihr die Frage der Gotteserkenntnis –, mit dem Bekenntnis zur ›pulchritudo‹.

Dem vierten Buch kommt – vergleichbar nur dem zehnten – gerade im Hinblick auf die Strategie der literarischen Darstellung der Gnadenlehre eminente Bedeutung zu. In der Krise, deren Dokument die Gnadenlehre ist, geht Augustins platonischer Transzendenzoptimismus zugrunde. Sie ist Ausdruck eines sich gegen sich selbst wendenden Erinnerns. Eben dies bekennt Augustin im vierten Buch. Schuld wird Erinnerung dann, wenn sie zur Erinnerung eines Dankes wird, der nicht mehr gebracht werden kann. Schuld ist die drohende Angst unversöhnter Erinnerung. Die Schuld unversöhnter Erinnerung wird Angst. Es ist im Grunde Angst vor dem Tod (vgl. IV.4.9). Angst vor dem Tod ist die Erinnerung der eigenen Endlichkeit. Die Furcht vor dem Sterben (*metus moriendi*: IV.6.11) habe ihn an sich selbst verzweifeln lassen. Sich selbst sei er »zur großen Frage geworden«, bekennt Augustin. Unversöhnte Endlichkeit wird zur großen Frage und ›Schwermut‹ (»languor«: vgl. X.33.50) des Erinnerns.[4]

Das Gespräch, das das Herz mit Gott führt, ist ein Gespräch der Erinnerung: »Coram te cor meum et recordatio mea.« (V.6.11) Die Beziehung des Erinnerns auf sich selbst bedarf der Übersetzung in Formen der Äußerung, um nicht gleichsam in sich selbst zusammenzustürzen. Eine solche Implosion lässt das Gewissen zum Abgrund einer geschlossenen Logik der Selbsterfahrung von Schuld und Angst werden. Das Vermögen der Erinnerung vermag sich nur durch sich selbst zu versöhnen. Versöhnen lässt es sich nur dann, findet es Gott in sich – als Versöhnung. »Wohin nämlich sollte mein Herz vor meinem Herzen fliehen? Wohin könnte ich vor mir selbst fliehen? Wohin würde ich mir nicht folgen?« (IV.7.12) Vor dem entzweiten, erzürnten Grund der Erinnerung lässt sich nur zu versöhnter Erinnerung ›fliehen‹. »Dich verliert niemand, außer der dich verlässt, und wer dich verlässt, wohin geht er oder flieht er, wenn nicht von dir Versöhntem zu Dir Erzürntem.« (IV.9.14) Die Frage nach dem versöhnten Gott ist die Frage nach der Versöhnung des Erinnerungsvermögens mit sich selbst. Schuld ist die Erfahrung mit sich selbst entzweiter Erinnerung. Mit sich selbst entzweite Erinnerung ist der Grund der Vorstellung eines unversöhnten Gottes. Aus dieser Vorstellung lässt sich nicht zu einer anderen Gottesvorstellung – etwa der eines gnädig sich erbarmt habenden Gottes oder eines in neidloser Gleichgültigkeit sich mitteilenden Weltkunsthandwerkers – fliehen. Das Erinnern Gottes lässt sich nicht ›von außen‹ versöhnen. Seine Versöhnung kann sich nur in der Aufhebung der ›Selbstentzweiung des Herzens‹ vollziehen. Das wird in Augustins Erläuterung von Psalm 74.9 deutlich. Dort begründet er, weshalb Gott ›überall gegenwärtig‹ ist. Überall gegenwärtig ist er als Urteil, das sich die Erinnerung selbst spricht. »Der Richter deiner Unrechte ist Gott«. Den »Augen dieses Richters, der von keinem Ort urteilt, der überall verborgen und überall öffentlich ist, kann sich niemand entziehen«. Das Urteil, das wir in der Erinnerung uns selbst sprechen, ist nicht an irgendwelchen Orten, sondern überall gegenwärtig. »Gott ist so mit dir, wie du gewesen sein wirst. Er ist gut, wirst du gut gewesen sein; er scheint dir übel, wirst du schlecht gewesen sein. In deinem Verborgenen hast du den Richter. Er ist innerlicher deinem Herz. Wohin immer du fliehst, dort ist er. Wohin fliehst du vor dir selbst? Folgst du dir nicht immer dahin, wohin du fliehst? Solange er aber dir innerlicher ist als du selbst, gibt es nichts, wohin du fliehen könntest vom erzürnten Gott, wenn nicht zum versöhnten Gott: Nichts ist, wohin du fliehen könntest.«[5] Es gibt nichts, was das Erinnern mit sich selbst versöhnen könnte, wenn nicht die Erinnerung von Versöhnung selbst. Dazu gehört die Erinnerung der Begrenztheit kreatürlichen Daseins – das Erinnern des radikalen Versagens der Möglichkeit, einer Schuld den Dank zu bringen, der sie verzeiht. Ein solches Erinnern der radikalen Unmöglichkeit zu erinnern und zu verzeihen schließt die Erinnerung der eigenen Endlichkeit ein.

Gott bezeichnet Augustin als *arbiter conscientiae*: als ›Schiedsrichter des Bewusstseins und Gewissens‹. Wir erinnern ihn als den ›unerforschlichen Abgrund seiner Urteile‹, die wir im Denken über uns selbst sprechen (vgl. IV.4.8). Die Analyse dieses *investigabilis abyssus* ist der Gegenstand des zehnten Buchs der

Confessiones. Es ist die Erkenntnis des Grundes der Erinnerung. Erkennen will Augustin im Preisbekenntnis der Gnade, was das Erinnerungsvermögen als den Grund und als das Gegenüber der nicht-begrenzten Iterierbarkeit seiner selbst erfährt, solange es in der Zeit ist: sich selbst in seiner Endlichkeit erinnert und damit Endlichkeit transzendiert. Erkennen will Augustin Gott als den Grund im Bewusstsein. »Erkennen will ich dich, mein Erkenner, erkennen will ich dich, so wie ich erkannt bin«, zitiert er 1 Kor. 13.12 am Beginn von Buch X. (X.1.1) Erkannt werden soll der ›Abgrund‹ der Urteile über individuelles Erinnern in der Erinnerung selbst. Das aber ist – als zirkuläre und in sich zusammenhängende Struktur gedacht – ›Gott‹, vor dessen Auge der Abgrund des menschlichen Bewusstseins bloßliegt (vgl. X.2.2).

4.2 Erinnerung als Sorge. Erinnerung als Dank. Schönheit als Gotteserkenntnis

Buch X der *Confessiones* ist Augustins explizite Analyse der Erinnerung.[6] Diese wird thematisch als *memoria amans* im ersten Teil, deren Analyse ihr Ziel und ihren Abschluss in dem Abschnitt X.27.38 findet. Im zweiten Teil (X.28.39-43.69) folgt eine Betrachtungsweise der *memoria* als Sorgestruktur (*cura*) alltäglicher Versuchung (*temptatio*). Die Erinnerung erscheint als der Ort der Versuchungen und Ängste, denen sich Augustin tagtäglich (*cotidie*: X.31.44) ausgesetzt fühlt. Sorge ist ein Bewusstsein der jederzeitigen Möglichkeit von Selbstverschuldung. Das erinnernde Bewusstsein der Möglichkeit von Verschuldung ist Angst. Von diesem Selbstgefühl der Angst und Schwermut sagt Augustin, dass er sich »in den Augen Gottes zur Frage geworden sei«. Sich gegen sich selbst wendendes Erinnern wird zum

Abgrund alltäglicher ›Furcht‹ und alltäglichen ›Zitterns‹.[7] Die Krise, auf die die Gnadenlehre reagiert, klingt hier nach. Solcher alltäglichen Sorge und Schwermut verändert sich Transzendenz zu etwas, was nicht nur nicht aus der eigenen Endlichkeit hinaus-, sondern in diese gerade zurückführt. Als Sorge ist Erinnerung Selbsterfahrung von Endlichkeit.[8]

Die Analyse der *memoria* als *cura* soll den viermal genannten Grundsatz der Gnadenlehre erläutern. »Gib, was du befiehlst, und befehle, was du willst.«[9] Ohne Gnade ist jedes menschliche Handeln zum Scheitern (zum Übel wechselseitigen Unglücks) verdammt. Ohne Gnade finde und erreiche die Seele nichts, was aus der Urverschuldung herausführen könnte. Der Willensfreiheit gibt Augustin mit dem Leitsatz »da quod iubes et iube quod vis« keine neue – etwa ontologisch ›vertiefte‹ – Bedeutung. Der freie Wille hat hier allein noch die Bedeutung, dass er im Zusammenhang alltäglicher Versuchung und Sorge die jederzeitige Selbstzuschreibung der Schuld fundiert. Erinnerung wird zum Schuldbekenntnis, als die sie im zweiten Teil von Buch X exponiert wird.

Aber ist die *memoria* nur Sorge und Gedenken alltäglicher Versuchung? Bedeutet sie nur die Verstricktheit in die Sorge von Selbstverschuldung? Gilt die Erinnerung nicht auch der Transzendenzerfahrung, von der im ›Sorge nicht‹ von Matth. 6.25-34 die Rede ist? Die Erinnerung alltäglicher Sorge(n) ist nur ein Aspekt der Erinnerungsarbeit. Ihr anderer ist die ›begeisterte Erinnerung‹, die ›liebende und wiederbegehrende Erinnerung‹.[10] Diesem Aspekt der Erinnerung gilt der erste Teil von Buch X, in dem Augustin die Frage beantwortet, was er liebt, wenn er Gott liebt. Er beantwortet die Frage nach dem Gott-Erkennen mit einer aufsteigenden Analyse in den ›Grund‹ der Erinnerung. Die Antwort auf die Frage nach dem Gott-Erkennen ist das Bekenntnis zur »Schönheit, die so alt und so neu ist«

und die er »spät geliebt habe«: »Sero te amavi, pulchritudo tam antiqua et tam nova, sero te amavi!« (X.27.38) Gerade im Rückblick auf den Neuplatonismus der Frühschriften Augustins (vgl. Kap. 2) ist es notwendig festzuhalten, dass die im Bekenntnis zur Schönheit ihren Kulminationspunkt findende Analyse der Erinnerung keinen Aufstieg bedeutet, der aus der Endlichkeit der eigenen Existenz in der Zeit hinausführen würde oder könnte. Der Aufstieg in den Grund der Erinnerung führt vielmehr in die eigene Endlichkeit zurück. Die Transzendenzerfahrung, deren Name Schönheit ist, ist nicht zeitlos, sondern mit Zeit gesättigt. ›Schönheit‹ ist der Name erfüllter Zeit, der die liebende Erinnerung gilt. In ihr hält das Vorübergehen von Zeit an. Es ›stockt‹ und setzt sich fort. Die Augenblicke erfüllter Zeit bringen deren Vorübergehen nicht zum Stillstand, sie haben es vielmehr zur innersten Voraussetzung. Weil sie Transzendenzerfahrung sind, schreiten sie über sich selbst fort. Sie ›entzeitlichen‹ nicht. Deshalb lässt Augustin die Analyse alltäglicher Sorge unmittelbar auf das emphatische Bekenntnis zur Erinnerung der Schönheit als Gotteserkenntnis folgen.

Mit der Analyse des Vermögens der Erinnerung beantwortet Augustin die Frage, was geliebt wird, wenn Gott geliebt wird (vgl. X.6.8). Diese Analyse beginnt mit der Frage, was in der Aufmerksamkeit sinnlicher Wahrnehmung dem Fragen der Wahrnehmung des Sinnlichen antwortet bzw. entspricht: »Meine Frage (*interrogatio*) war meine Aufmerksamkeit (*intentio*) und die Antwort der Dinge war ihre Gestalt (*species*).« (X.6.9) Was entspricht im sinnlich Wahrnehmbaren dem, wovon wir die Erinnerung als unschöpferische Entsprechung erinnern? »Was also liebe ich, wenn ich meinen Gott liebe?«, fragt Augustin X.7.11. Um der Beantwortung dieser Frage willen analysiert er – und das ist der sachlich-systematische Ertrag, der Buch X für jede Bewusstseinstheorie unverzichtbar macht – die Erinnerung in dreifacher Hinsicht. Thematisiert werden erstens die möglichen Gegenstände des Erinnerns, d.h. das virtuell *Erinnerte*, zweitens das *Erinnern* als nicht nur reproduktiver, sondern auch und vor allem produktiver Akt, drittens die *memoria* als das Vermögen der *Erinnerung* selbst.

Die *memoria* ist nicht nur Bewahren von Vergangenem, wie der frühe Augustin im Gefolge Plotins annahm. Was Erinnerung heißt, schließt Wiedererinnern in sich. Das ist der Kern von Platons Anamnesis-Theorem: Wiedererinnerung schafft die Möglichkeit von Selbstbeziehung und sichert dadurch Erkenntnis. Nur hatte Platon die semantische Evidenz, dass jedes Erinnern Wiedererinnern in sich schließt, durch die zusätzliche Hypothese einer präexistenten Schau der Seele rückversichern zu müssen gemeint. Von dieser zusätzlichen Hypothese entlastet Augustin die Erinnerung. Sie ist als *memoria amans* keine Wiedererinnerung eines außerhalb der Zeit oder präexistent Geschauten. Die semantische Evidenz, dass jedes Erinnern Wiedererinnern in sich schließt, lässt sich innerzeitlich erklären und plausibel machen.

Voraussetzung dafür ist, dass man die Erinnerung nicht darauf reduziert, der ›sekundäre‹ Aufbewahrungsort ›primärer‹ Sinnesdaten zu sein. Diese Speicherleistung meint man mit der Rede vom Gedächtnis. Sie thematisiert Augustin zunächst. In der Form des Gedächtnisses wird die Erinnerung als ein rezeptives Organ, als mentaler Speicher äußerer Gegenstände – als ›Schatzkammer‹ (*thesaurus*) und als ›ungeheure Halle‹ (*ingens aula*) – gedacht. Was erinnert ist, ist aber nicht abrufbar wie eine Informationseinheit auf einem Datenträger. Es bedeutet keine mentale Kopie. Es bedarf der Tätigkeit der ›recordatio‹. Erinnern ist mit der Fähigkeit des Behaltens – jener der ›Datenaufzeichnung‹, die Gedächtnis heißt und zu ihm in der Tat gehört – nicht hinreichend erklärt. Es ist vielmehr ein (produktiver)

Akt, der mit seinen Gegenständen nicht zusammenfällt. Will man begreifen, was das Vermögen der *memoria* ist, so muss man begreifen, dass es Erinnern ohne Gegenstände nicht gibt, dass es aber als Vermögen von diesen Gegenständen zu unterscheiden ist. Dieses Vermögen ist eine Tätigkeit oder eine Kraft, die uns im Augenblick des (willkürlichen oder unwillkürlichen) Wiedererinnerns bewusst wird. Erinnern ist ein Sich-Entsinnen – es bedeutet, sich zu entsinnen, etwas (schon) zu kennen. In diesem Sinn ist jedes Erinnern ein ›Erinnern des Erinnerns‹ – oder ›Wiedererinnerung‹: es kann wie seine Objekte selbst zum ›Objekt‹ eines retentionalen Aktes werden. Erinnern ist kein einmaliger, sondern ein iterierender und iterativ sich auf sich selbst beziehender Akt.[11] Es ist kein sekundärer Akt der Speicherung primär gegebener Daten, sondern vollzieht sich jederzeit als Strom ›kleiner, überschatteter‹ Impressionen, die nicht eigens bewusst werden und zerstreut und ungeordnet gleichsam den Fonds der Erinnerung bilden. Eigens bewusst werden diese Impressionen als Einbildungsakte beim Wiedererinnern. Dieses erweist sich als ›dichteste‹ Form des Erinnerns.

Die Fassungskraft (*vis* bzw. *capacitas*) der Erinnerung ist ›unbeschränkt und unendlich‹ (vgl. X.8.15; 9.16; 17.26). Sie ist unbeschränkt bzw. unendlich aber nicht deshalb, weil durch das Erinnern etwas so konserviert würde, als wäre es dem Vergehen der Zeit nicht mehr ausgesetzt. Das Vergehen des Zeitlichen ist vielmehr konstitutive Voraussetzung des Erinnerns. Das zeigt sich gerade am Vergessen. An ihm bemerken wir, dass Erinnern mit seinen Gegenständen nicht zusammenfällt. (X.16.24-19.28) Am Vergessen bemerken wir, dass Erinnern ein Vermögen und kein Automatismus ist. Erinnern heißt nicht, Gedächtnisinhalte in zeitloser Präsenz zu konservieren. Es ist kein bloßes ›Andenken‹. Gäbe es eine zeitlose Präsenz der Gedächtnisinhalte, so bedürften wir des Erinnerns nicht. Erinnern müssen wir, weil wir vergessen und Zeit vorübergeht. An diesen beiden Evidenzen alltäglicher Erfahrung macht Augustin eine doppelte Entdeckung. Die erste besteht darin, dass das Subjekt des Erinnerns nicht das bloß vorausgesetzte autarke Ich einer mentalen Innenwelt, nicht der »unus ego animus« ist (vgl. X.7.11/8.12: »transibo istam vim«). Das ›Subjekt‹ des Erinnerns ist vielmehr jene Identität, die sich in der Verbindung von zeitlich Verschiedenem erst bildet. Erinnern vollzieht sich *im* Vergehen von Zeit. Es vollzieht sich so – und das ist die zweite Entdeckung, die Augustin in *Confessiones* X macht und die für die Frage nach der Zeit in Buch XI wichtig wird (vgl. Kap. 4.3) –, dass das Vergehen der Zeit und dessen, was in der Zeit ›ist‹, d.h. auch das Vorübergehen des Erinnerns selbst, in der Erinnerung ist. Das – nicht eine Zeitlosigkeit des Geistes – ist der Grund, weshalb die *vis memoriae* ›unendlich‹ ist. Sie ermöglicht – indem wir uns unseres Erinnerns erinnern und das Erinnerte in eine sukzessive Ordnung bringen –, was die Rede von der Identität des Bewusstseins meint: Selbstbeziehung und Selbstgegenwärtigkeit. Sie ermöglicht uns ›Beziehung-auf-sich in der Beziehung-auf-anderes‹. Das unterscheidet die auf der Erinnerung beruhende Identität des Bewusstseins von einer Tautologie bloßer Innerlichkeit.

Zur Rekapitulation: Augustin analysiert die *memoria* erstens im Hinblick auf ihre möglichen Gegenstände: das *Erinnerte*. In diesem vielleicht geläufigsten Sinne verstehen wir die Erinnerung als Gedächtnis, als den ›Raum‹ der Gegenwärtigkeit des Anwesenden. Was im Raum auseinander und in der Zeit nacheinander ist, ist im Gedächtnis zugleich. Der zweite Gesichtspunkt der Analyse der Erinnerung ist die Antwort auf die Frage, was den Vorgang des Erinnerns, was *Erinnern* als einen Akt auszeichnet. Erinnern setzt die unumkehrbare Sukzession der Zeit voraus, aber es ist ihr nicht unterworfen. Es ist Voraussetzung dafür, dass wir das Erinnerte – das, was in der Zeit vorübergeht – in eine sukzessive Ordnung bringen. Der Vorgang des Erinnerns ist das, was sich im Vergehen der Zeit und durch die Dimensionen der Zeit, mit denen wir das Vergehen des Erinnerten ordnen, hindurch gleichbleibt oder sich durchhält. Das ›Jetzt des Erinnerns‹ ist vom ›erinnerten Jetzt‹ unterschieden: »Ich erinnere mich, dass ich mich erinnert habe, so wie ich später, wenn ich mich erinnern werde, dass ich mich dessen jetzt entsinnen konnte, dies durch die Kraft der Erinnerung erinnern werde.« (X.13.20) Deshalb ermöglicht die *Erinnerung* drittens sowohl Selbstbeziehung – »Ich erkenne die Erinnerung in der Erinnerung durch sich selbst.« (X.15.23) – als auch Selbst-Gegenwärtigkeit: »Wenn ich die Erinnerung erinnere, ist sich die Erinnerung durch sich selbst gegenwärtig.« (X.16.24) Auf Selbstbeziehung und Selbstgegenwärtigkeit beruht die Identität des Bewusstseins.

Die Fassungskraft der Erinnerung ist unendlich. Sie hat weder an sich noch in sich eine Grenze, weder am Raum noch an der Zeit. Woran wird uns die Unendlichkeit dieses Vermögens selbst fasslich? Woran und wodurch wird die ›Form‹ des Erinnerns – Selbstbeziehung und Selbstgegenwärtigeit – zum ›Inhalt‹ der Erinnerung? An der Beantwortung dieser Frage hängt die Beantwortung der Frage, was als Gott in der Erinnerung geliebt wird. Die Erinnerung bezieht sich dann auf sich selbst, wenn wir sie als ein Vermögen erfahren, dem sich etwas entzieht bzw. zu entziehen scheint. Nur weil es als Sich-Entziehendes erinnert wird, können wir nach ihm als einem Sich-Entziehenden fragen. Wir fragen nach ihm in der Erinnerung und stoßen auf sie als Vermögen. Wir erfahren sie als ein Vermögen, das sich auf etwas, sich auf dieses Beziehen und sich auf sich in diesem Beziehen bezieht. Die Beziehung auf anderes wird zur Beziehung in sich. Was sich der Kraft des Erinnerns entzieht, entzieht sich ihm in der Erinnerung. Das ist der Punkt der Analyse der *memoria*, an dem Augustin fragt: »Wo aber bleibst du in meiner Erinnerung, Herr, wo da bleibst du?« (X.25.36) Wie ist Gott in der Erinnerung? Woran und wodurch werden wir auf den ›Grund‹ der Erinnerung – Grund im Sinne sowohl von Motiv wie von Ermöglichung – aufmerksam? Die Beantwortung dieser Frage bedeutet zugleich die Frage, weshalb sich im Vermögen der Erinnerung »die Kraft des Lebens im sterblich lebenden Menschen«, die »vis vitae in homine vivente mortaliter« (X.17.26) zeigt.

Im Erinnern desjenigen, was a) weder mit einem bestimmten Gegenstand im Gedächtnis noch b) mit dem mentalen ›Objekt‹ Erinnern zusammenfällt, wird uns bewusst, was Erinnerung ist und bedeutet. Gott als das Unvergessene ist in keinem ›Teil‹ der Erinnerung. Er ist auch nicht in der Erinnerung als dem ›Sitz des Geistes‹. Aber er ist ›gewiss in der Erinnerung‹ (vgl. X.24.35-25.36). Was lässt uns den Grund bzw. den Abgrund des Erinnerungsvermögens immer von neuem begreifen? Der Geist als bloß innerliche Selbstbeziehung ist dafür ›zu eng‹: »animus ad habendum se ipsum angustus est« (X.8.15). Deshalb wird er sich zum Grund der Angst. Die Kraft der Erinnerung ist die des ›sterblich lebenden Menschen‹ (X.17.26). Die Augenblicke der Gegenwärtigkeit des Erinnerns und des Erinnerns des Gegenwärtigen gehen vorüber: ›bald erinnern wir, bald vergessen wir‹ (X.25.36). In der Erinnerung ›bleibt‹, wovon das Erinnern die veränderliche, in der Zeit vorübergehende Entsprechung ist. Wem entspricht das Vermögen der Erinnerung? Gott habe er, sagt Augustin, nicht außerhalb der Erinnerung gefunden. (X. 24.35) Der ›Weg hinauf‹ zu dem, was als ›unwandelbar über allem‹ gedacht und »in te supra me« (X.26.37) erinnert wird, ist in Wirklichkeit ein ›Weg hinab‹ in den Grund der Erinnerung. Dieser Rückgang in den Grund der Erinnerung ist das Resultat der Antworten Augustins auf die Frage, ›was er liebt, wenn er

Gott liebt‹. *Die Selbsttranszendenz der Erinnerung entspricht erinnerter Transzendenz.* Sie begreifen (und erinnern) wir an dem, was *pulchritudo*, Schönheit heißt.

Was Schönheit heißt, leuchtet in den Augenblicken (immer von neuem) ein, in denen wir sie als das sich unserem Erinnern Entziehende in der Erinnerung finden. Schönheit ist der Name für das ›Unvergessene‹, das ›unvergessen‹ (»non oblitum«) in der Erinnerung ist (vgl. X.24.35-25.36).[12] An der Erinnerung des Schönen erfahren wir, was Erinnern ist. Was als schöpferisches Prinzip gedacht wird, ist nicht ›draußen‹ zu suchen. Es ist – in der zu erinnernden ›auswendigen‹ Wirklichkeit – zu finden als deren ›inwendiges‹ Prinzip, das überall gegenwärtig ist und nirgends zu einem Gegenstand wird. Diese Schönheit ist nicht irgendein und insbesondere kein ›zuhöchst Schönes‹. An der Schönheit erfahren wir nichts Besonderes, sondern nur insbesondere, was Erinnern ist. Am schwersten zu finden ist das Gegenwärtige. Das schöpferische Prinzip, dem das Lieben der *pulchritudo* gilt, geht überall vorüber. Es wird in der Erinnerung geliebt als Maßstab allen Urteilens (vgl. VII.17.23). »Denn nicht schuf er es und ging weg, sondern das, was aus ihm ist, ist in ihm. Siehe, da ist er, wo die Wahrheit schmeckt. Er ist zuinnerst im Herzen (*intimus cordi est*), aber das Herz ist abgeirrt von ihm«, heißt es an exponierter Stelle in Buch IV. (IV.12.18) Es ist ein »Ich weiß nicht was«: ein »iudiciale nescio quid«.[13]

Als Schönheit wird die Umkehrbewegung erfahren, in der sich durchschauen lässt, was Erinnern im Grunde bedeutet. Die Stufen dieses Durchschauens sind die eines Aufstiegs. Es sind zugleich die eines Abstiegs in den Abgrund unseres Bewusstseins, der vor den Augen Gottes bloßliegt. (X.2.2) Die Augenblicke, in denen uns der Grund der Erinnerung bewusst wird, sind Augenblicke göttlicher Sinnevidenz und sie gehen vorüber. In ihnen erfüllt sich die Selbsttranszendenz der Erinnerung. In diesem ›transitus memoriae‹ ist die Erinnerung sowohl Objekt wie Subjekt. Wovon wir die Erinnerung als (unschöpferische) Entsprechung denken, das ist in seiner (kreativen) Erscheinungsweise Schönheit. Als *pulchritudo* wird erinnert, dass schon in der Erinnerung ist, was die unendliche Fassungskraft der Erinnerung immer von neuem belebt.

Ohne das, was sich dem Vermögen der Erinnerung zu entziehen scheint und doch in der Erinnerung ist, würden wir auf die Erinnerung als produktives Vermögen nicht aufmerksam. Wir würden sie nicht als die lebendige Kraft in unserem sterblichen Leben erkennen. An der Erinnerung der *pulchritudo* erfahren wir, was sich mit jedem Erinnern vollzieht. Wessen in liebender Erinnerung gedacht wird, ist kein Gott, den sich die Seele ›macht‹ oder erdenkt. Es ist das schöpferische Prinzip des Geschaffenen, das im Vorübergehen des Zeitlichen sich gleichbleibt. Es bleibt sich gleich als das, was in diesem Vergehen als dessen unveränderlich wirkender Grund zu denken ist. Was wir als Prinzip des Geschaffenen – und weil es sein Prinzip ist: als von ihm unterschieden – denken, von dem denken wir zugleich, dass es dem Vergehen in der Zeit nicht unterworfen ist. Es ist das, was im Vergehen der Zeiten in der Zeit sich schöpferisch gegenwärtig und unwandelbar über allem bleibt.

Der Anspruch der Wahrheit antwortet der Erinnerung von überall her als die *evidentia* des kreatürlich Erscheinenden (vgl. X.6.9; 26.37; XI.4.6). Diese Evidenz des Anspruches der Wahrheit ist gegeben als die »wunderbare Schönheit der Welt selbst (*mundi denique ipsius mirabilis pulchritudo*), die draußen (*forinsecus*) unsrem Anschauen gegenwärtig ist«, wie Augustin einmal en passant in *De trinitate* festhält. (De trin. XIII.1.4) *Pulchritudo* ist ein Inneres, das nirgends draußen, d.h. kein bestimmter Gegenstand ist. Aber nur in dem, was äußerlich erscheint und vorübergeht, ist sie wirklich und dort zu erinnern. Im letzten

Schritt des Aufstiegs durch die Erinnerung kehren wir an der *pulchritudo* zu uns als Erinnernden zurück. Wir begreifen, dass die Selbstgegenwärtigkeit des Erinnerungsvermögens im Vorübergehen des Erinnerten in logischer Hinsicht dasselbe ist wie die Gegenwärtigkeit, die schöpferisch im Geschaffenen vorübergeht. In semantischer Hinsicht begreifen wir beider Differenz. Wir begreifen an der *pulchritudo* unser Erkennen der *pulchritudo* als Erkanntsein durch die *pulchritudo*. Die Sinnevidenz schöpferischer Selbstgegenwärtigkeit ist nichts Gesuchtes. Sie zeigt sich als Finden Gottes im Anblick der Dinge.

Schönheit ist die Erinnerung schöpferischer Selbstgegenwärtigkeit, wie Augustin in Buch X der *Confessiones* emphatisch bekennt. Als *pulchritudo tam antiqua et tam nova* wird Gott immer von neuem gefunden. Es ist der Name für das Glück einer immer von neuem zu erinnernden und doch so alten Instanz, die menschlicher Willkür unzugänglich ist. Das ist die ›Frucht der Bekenntnisse‹, in denen Augustin auseinanderlegt, nicht ›was er gewesen ist, sondern was er ist‹ (vgl. X.3.4).

Seine Analysen im Buch XI der *Confessiones* explizieren, wie das in der Erinnerung göttlicher Sinnevidenz Gefundene schöpferisch gedacht wird und in welchem Verhältnis das in der Zeit Erscheinende und Vorübergehende zu diesem Grund der Erinnerung steht. Auf Buch X zurück- und auf die Analysen von Ewigkeit und Zeit in Buch XI vorausblickend, bedeutet die Erinnerung der Schönheit die Erfahrung ›immanenter‹, d.h. sinnerfüllter ›Transzendenz‹. Die Augenblicke der Schönheit sind die der Ewigkeit in der Zeit.

4.3 Ewigkeit – Zeit: Augustins Analyse der Zeit

Schönheit ist Erscheinungsweise von Ewigkeit in der Zeit. Was Ewigkeit heißt und in welchem Verhältnis sie zur Zeit als Bedingung von Endlichkeit steht, ist das Thema von *Confessiones* XI. Primärer Gegenstand ist nicht die Zeitanalyse, die Augustin seit dem Beginn des 20. Jahrhunderts zum Gesprächspartner fast aller Zeittheorien hat werden lassen. Seine Frage nach der Zeit wie die Antworten sind abgeleitete Phänomene. Sie sind abgeleitet aus der Einsicht in die Zusammengehörigkeit von Ewigkeit und Zeit. Die Einsicht, dass Ewigkeit (das Unveränderliche etc.) und Zeit (das Veränderliche etc.) einander nicht entgegengesetzt sind, macht – gerade auch in Augustins Werk (vgl. Kap. 2) – die singuläre und beunruhigende Bedeutung von *Conf.* XI aus. In ihm geht Augustin über die verbal behauptete Entgegensetzung zwischen Ewigkeit und Zeit hinaus, indem er analysiert, was Ewigkeit ist und was Zeit. Zeit ist zu denken als die schöpferische Erscheinungsweise von Ewigkeit. Aus diesem Grund bekennt Augustin, dass er »Kraft und Natur der Zeit zu wissen begehre«: »Ego scire cupio vim naturamque temporis.« (Conf. XI.23.30)[14]

Was wir als Ewigkeit denken, erscheint schöpferisch in der Zeit, *weil und insofern* das Zeitliche vorübergeht (entsteht und vergeht). Hätte das Vorübergehen des in der Zeit Veränderlichen, des Endlichen, aufgehört, so hätte, was wir als Ewigkeit denken, aufgehört, schöpferisch zu sein. Das, was in der Zeit ›ist‹, die Zeiten, gehen vorüber. Die Zeiten bleiben aufgrund der Ewigkeit nicht in der Zeit. Das ist der Einsatzpunkt, an dem Augustin zunächst fragt: »Was ist nämlich Zeit?« Deshalb stellt er die berühmte Frage: »Was also ist Zeit? Wenn mich niemand danach fragt, weiß ich es. Will ich es einem Fragenden erklären, weiß ich es nicht«: »Quid est ergo tempus? Si nemo ex me quaerat scio; si quaerenti explicare velim, nescio.« (Conf. XI.14.17)

Die Frage nach der Zeit ist die Frage nach der Wirklichkeit desjenigen, was als schöpferischer Grund von Zeit selbst und des Vorübergehens des in der Zeit Veränderlichen gedacht wird.

Diese Art der Fragestellung widerspricht dem Vorurteil, dass Ewigkeit der – mit dem Makel des Vorübergehenden behafteten – Zeit entgegenzusetzen ist. Es ist eine neuplatonisch inspirierte Grunddoktrin im Werk Augustins, dass Zeit – die Sphäre des *mundus sensibilis*, die des Veränderlichen – dem Unveränderlichen, dem *mundus intelligibilis*, entgegengesetzt werden muss. »Unruhig ist das Herz, bis es ruht in dir«, so lautet der oft zitierte Beginn der *Confessiones* (I.1.1) – unruhig ist das Herz, bis wir (und damit klingen sie aus) »am Sabbat des ewigen Lebens ruhen werden in Dir« (XIII.36.51). Auf die Zeit (des Veränderlichen) folge die Ewigkeit – als eine nicht-endende Dauer unendlicher Sukzession. Es ist evident, dass eine so verstandene Ewigkeit ein Gedankenkonstrukt ist – ein Gedankending.[15] Ein Verständnis der Ewigkeit, das diese sowohl vor wie nach der Zeit und als Gegensatz alles Zeitlichen denkt, setzt – abgesehen davon, dass es voller aporetischer Bestimmungen steckt – ein Wissen um die Ordnung der Zeiten voraus. ›Zeit‹ erscheint als das, was zwischen zwei Ewigkeiten eingespannt ist. Da, wo Augustin ihre Erfahrung analysiert, bekennt er, einen *ordo temporum* nicht zu kennen: »Ich aber zerreiße in die Zeiten, deren Ordnung ich nicht kenne«.[16] Was also ist Zeit? – wenn in der Zeit nichts zu bleiben vermag: auch wir nicht, die wir dies und die Ewigkeit im Unterschied zum Vorübergehen des Endlichen und Sterblichen denken. Worüber sprechen wir, wenn wir über Zeit sprechen, wenn wir über die Selbsterfahrung des Veränderlichen, wenn wir über unsere Erfahrung der ›niemals stehenden‹, der beständig vorübergehenden Zeiten sprechen? Was ist es, was uns im Sprechen über Zeit und Zeiten so fraglos vertraut und im alltäglichen Umgang selbstverständlich ist?

Zu Recht hat man diese Frage vom ›mythologischen‹ Zeitbegriff Platons (Zeit als Abbild der Ewigkeit im *Timaios*), dem ›kosmologischen‹ bei Aristoteles (Zeit als Zahl der Bewegung,

Physik-Vorlesung) und dem ›ontologischen‹ Plotins (Zeitlichkeit als Stigma der aus der Ewigkeit abgefallenen Seele) unterschieden. Aber es trifft nicht zu, dass Augustin diesen Zeitvorstellungen ein ›psychologisches‹ Modell der Zeit anreihen würde.[17] Er setzt vielmehr an die Stelle eines Modells von Zeit die Analyse ihrer Erfahrung. Das ist das Neue seiner Frage nach der Zeit. Dabei geht es nicht um eine innere (im Gegensatz zu einer äußeren, physikalischen) Zeit. Augustin stellt nicht die Frage nach einer ›existentiellen‹ oder eigentlichen Zeiterfahrung im Gegensatz zu einer ›uneigentlichen‹ Erfahrung von Zeit als vorgeblich bedeutungsloser Chronologie. Seine Frage nach der Zeit setzt die physikalische Zeit und deren Chronologie voraus. Zu erklären ist, weshalb diese äußere Zeit nicht in beziehungslose Jetzt-Atome zerfällt. Geklärt werden sollen die Bedingungen der Möglichkeit unseres faktischen Umgangs mit Zeit. Die ganz gewöhnliche Erfahrung von Zeit, dasjenige, was alltäglich gelingt und vertraut und gewiss erscheint, soll verstanden und erklärt werden. Wir verfügen über Zeit, indem wir über die Gegenwart hinweg von Vergangenheit auf Zukunft schließen. Aber: Das Vergangene ist *nicht* mehr, das Zukünftige noch *nicht* und das Gegenwärtige schon *nicht* mehr, Zeit also weder das Vergangene noch das Zukünftige noch das Gegenwärtige (vgl. XI.14.17-15.20). Worüber sprechen wir also, wenn wir über Zeit sprechen – und verstehen und verstanden werden wollen (vgl. XI.22.28)? Was sind die unausgesprochenen Voraussetzungen unseres Ordnens von und unseres Verfügens über Zeit? Wie lässt sich erklären und begründen, was diesem Ordnen intersubjektive Gültigkeit verleiht?

Augustins Theorie der Zeit ist eine Rekonstruktion der unausgesprochenen Leistungen und verborgenen Bewusstseinsakte, die so vertraut erscheinen, dass wir sie gar nicht mehr bemerken.[18] Sie erweist sich als De- und Rekonstruktion der

Voraussetzungen, die in unserem Reden, Verfügen und Ordnen von Zeit immer schon übersetzt sind. »Wir sprechen von langer und kurzer Zeit und werden verstanden.« Kann eine »gegenwärtige Zeit lang« (länger oder kürzer) sein? Kann etwas in der Zeit sich zu einer Dauer, sich zu »längerer oder kürzerer Präsenz« ausspannen? Die Antwort lautet: Nein. Die gegenwärtige Zeit kann nicht lang sein: »praesens tempus longum se esse non posse« (XI.15.20). Aber: Der menschlichen Seele ist es gegeben, Zeiträume wahrzunehmen und zu messen: »datum enim est (anima humana) sentire moras atque metiri.« (XI.15.19) Inwiefern? Wie lässt sich das Verstehen einer ›Länge‹ von Zeit begründen, wenn eine solche Länge bzw. Dauer nicht heißen kann, dass das Vorübergehen von Zeit sozusagen eine Zeit lang aufhören würde.

Die Frage nach der Wahrnehmung einer Länge der Zeit wird zu der Frage danach, wie etwas in der Zeit gegenwärtig und was Gegenwärtigkeit selbst ist.

Die Frage nach der Zeit wird zur Frage nach dem Grund der Wahrnehmung von Gegenwärtigkeit.

Die Frage nach dem Grund der Wahrnehmung von Gegenwärtigkeit entspricht der Frage, weshalb die eigene Lebenszeit nicht in atomisierte Jetzt-Punkte zerfällt.

Im Hinblick auf die Beantwortung dieser drei zentralen Fragen empfiehlt es sich, ›Zeit‹ von dem zu unterscheiden, was in der Zeit ist bzw. verläuft und durch die Dimensionen Vergangenheit – Gegenwart – Zukunft geordnet wird: ›den Zeiten‹ (das Vergangene vergeht, nicht die Zeitdimension Vergangenheit usw.). Augustin selbst wirft in *Conf.* XI die Redeweise von *der* Zeit und *den* Zeiten bisweilen unreflektiert durcheinander.

Nehmen wir, was ›in‹ der Zeit ist, wahr, so nehmen wir es in seinem Vorübergehen wahr. Das gilt für alle drei Dimensionen, mittels derer wir Zeit in die Ordnung des Nacheinanders bringen. Die diesbezügliche Definition lautet: »Nicht sind drei Zeiten: Vergangenheit, Gegenwart und Zukunft, vielmehr sollte vielleicht passender gesagt werden: Zeiten sind drei: die Gegenwart von Vergangenem, die Gegenwart von Gegenwärtigem, die Gegenwart von Zukünftigem.«[19] Diese vielzitierte Definition ist aber keineswegs das Ergebnis von Augustins Zeitanalyse. Sie ist sogar missverständlich. Augustin spricht von einer Gegenwart des Vergangenen (das nicht mehr ist – nur erinnert), einer Gegenwart des Zukünftigen (das noch nicht ist und sich jetzt schon als das, was gewesen sein wird, erinnern lässt) und einer Gegenwart des Gegenwärtigen (das jetzt schon vorbei ist). Die auf den ersten Blick suggestive Definition bedarf selbst einer Begründung. Zu beantworten ist die Frage, wie Gegenwärtigkeit, das Einzige, was in der Zeit ›ist‹ – ist, indem es ›nicht ist‹: entsteht und vergeht –, selbst, d.h. wie das Zeitliche in seinem Vorübergehen wahrgenommen wird. Wodurch entsteht die ›Dehnung‹, die von einer ›Gegenwärtigkeit des Gegenwärtigen‹ sprechen, wodurch entsteht die Dehnung von Zeit, die sich dann auch noch messen lässt? »Wie also messen wir die gegenwärtige Zeit, da sie doch keine Ausdehnung hat«, fragt Augustin (XI.21.27). Woraus ergibt sich für uns, die wir selbst in der Zeit sind, was wir im Vorübergehen des Zeitlichen als Dehnung wahrnehmen und messen? Das ist das ›allerverwickeltste Rätsel‹, das Augustin folgendermaßen beschreibt: »Doppelt solang ist diese Silbe im Vergleich zur einfachen kurzen. Wir sprechen und hören und werden verstanden und verstehen. Ganz offenkundig ist das und ganz gewöhnlich, und dasselbe ist doch wieder allzu verborgen und neu ist sein Finden.«[20] Sprechend übersetzen wir die Wahrnehmung des Gegenwärtigen und erinnern sowohl das Vergangene wie unser Wahrnehmen als dasjenige, was wir jetzt repräsentieren. ›Zwischen‹ diesen Akten der Aufmerksamkeit ergibt sich eine Dehnung (*distentio*). Aus der Aufmerksamkeit (*intentio*) auf das Vorübergehen des Gegenwärtigen entsteht jene Dimensionalität, die wahrzunehmen und zu messen ›der Seele gegeben ist‹. Entschieden wehrt Augustin die Ansicht und mit ihr Aristoteles' klassische Definition, dass »Zeit Bewegung von Körpern« sei, ab: »Non est ergo tempus corporis motus.« (XI.24.31) Es ist eine Tautologie – und kein Plädoyer für eine innere (subjektive oder existentielle) Zeiterfahrung –, dass die Art und Weise, wie *für uns* Zeit erfahrbar (und messbar) wird, nicht in der Bewegung eines Körpers besteht. Darin, wie die Bewegung und Veränderung eines Körpers wahrgenommen (sein Vorübergehen in seiner Gegenwärtigkeit erinnert) wird, gründet unsere Erfahrungsweise von Zeit. Unser Erfahren des Vorübergehens des Zeitlichen (z.B. der Bewegung eines Körpers) erklärt sich aus der ›Dehnung‹, die wir aufgrund der Erinnerung des Gegenwärtigen in seinem Vorübergehen bilden. Wie wir Zeit erfahren, das Sein von Zeit für uns, gründet in einer *distentio animi* – eine Definition, die Augustin mit auffälliger Vorsicht formuliert. »Von daher scheint mir, dass Zeit nichts anderes ist als eine gewisse Dehnung; aber welcher Sache, das weiß ich nicht, und es wäre nicht verwunderlich, wenn nicht (einer Dehnung) des Geistes selbst.« (XI.26.33)

Das Verstehen von Zeit als *distentio animi* ist das Ziel von Buch XI. Die Definition selbst ist nicht neu. Sie stammt von Plotin.[21] Neu an *Confessiones* XI ist die Erklärung und Erläuterung dieser Definition. Zu diesem Zweck nennt Augustin die Phänomene des Er- und Vertönens einer Stimme (XI.27.34), des Verses »Deus creator omnium« (XI.27.35-28.37) und das Singen eines Liedes (XI.28.38). Er thematisiert – zumindest in *Conf.* XI – Zeit *nicht* wie einen Gegenstand des Sehens (wo etwa nach seiner Anwesenheit gefragt wird). Er fragt nach der Erfahrung von Zeit vielmehr am ›Phänomen‹ des Hörens. Hören ist der im Innersten zeitliche – zeitlich bestimmte und Zeit bestimmende – Sinn. Entscheidend sind hier die Abschnitte XI.27.36 und 28.37. Doch zunächst zu der Analyse jener schöpferischen Instanz, der die zeitliche Semantik des Hörens entspricht und der die Rede von Ewigkeit gilt.

Ewigkeit. Das elfte Buch der *Confessiones* ist der Beginn einer Deutung des Schöpfungsberichts von Gen. 1.[22] Ihn zieht Augustin mit dem Beginn des Johannesevangeliums zusammen. Gezeigt wird, dass eine dichotomische Entgegensetzung zwischen Ewigkeit und Zeit eine Aufspaltung der Einheit des Schöpfungsganzen wie unserer Zeiterfahrung bedeuten würde. In den Abschnitten *Conf.* XI.11.13 und 13.16 unterscheidet Augustin Ewigkeit von Zeit dadurch, dass jene der Ursprung der Zeiten, gewissermaßen das Ursprüngliche an dem, was in der Zeit erscheint, mitten in der Zeit ist.

Im Abschnitt XI.11.13 expliziert Augustin die von den »niemals stehenden Zeiten« unterschiedene kreative Instanz, die doch der Ursprung alles Zeitlichen und seines Vorübergehens ist. Ihre Attribute sind *Zeitlosigkeit* und *Gleichzeitigkeit.* Mit allem zugleich und insofern ›zeitlos‹ ist allein das Gegenwärtige in der Zeit. Die Bestimmung des Gegenwärtigen wird zum logischen Ort der Analyse dessen, was Ewigkeit heißt. »In ihm geht nichts vorbei. In ihm ist das Ganze gegenwärtig, während keine Zeit ganz gegenwärtig ist.« (XI.11.13) Was mit ›allem zugleich‹ ist, ist das Prinzip seines Entstehens und Vergehens selbst. Im anhaltenden Vorübergehen des Zeitlichen zeigt sich die Gegenwärtigkeit des Ewigen in der Zeit. Erfahrung von Zeit bedeutet, »dass alles Vergangene vom Zukünftigen fortgestoßen wird und alles Zukünftige aus Vergangenem folgt, dass alles Vergangene und Zukünftige von dem, was immer gegenwärtig ist, geschaffen wird und hervorläuft« (ebd.). Das Ewige ist nicht als eine – gleichgültig wie kurz oder lang vorgestellte – Zeitspanne in der Zeit. Der ›Ursprung‹ des Zeitlichen ›hat‹ keine Zeit, sondern ist zeitfrei in der Zeit. Weil nicht im Ewigen Zeit, sondern es selbst schöpferisch in der Zeit ist, geht in dem, was wir als schöpferische Ewigkeit denken, nichts vorüber. Es ist auch nicht die bloße Negation von Zeit – als Abwesenheit des Vorübergehens von Zeitlichem wäre Ewigkeit bloß negativ und unschöpferisch bestimmt. Indem die Zeiten – das, was in der Zeit entsteht und vergeht – vorübergehen, zeigt sich das zeitlose Jetzt der Ewigkeit, die das bleibende Vorbeigehen, das anhaltende Fließen der Zeit ist. Das Zukünftige wird aus der »stehenden Ewigkeit« des zeitfrei Gegenwärtigen hervorgehen wie das Vergangene, das aus ihr hervorgegangen ist. Im Vorübergehen des Zeitlichen – und solange es vorübergeht – ist die Ewigkeit des zeitfrei Gegenwärtigen kreativ und wirklich. In ihrer »Flüchtigkeit« bezeugen die Zeiten die Gegenwärtigkeit ihres Ursprungs, der allein ›ist‹, während sie vorübergehen.[23] Gefunden (erkannt und geliebt) wird im Vorübergehen des Zeitlichen der »Glanz der immer stehenden Ewigkeit«. Die zeitlose Gegenwärtigkeit, die als schöpferische Ewigkeit Gottes gedacht wird, ist es, von der »alles erschaffen wird und aus der alles hervorgeht«. Die »stehende Gegenwart« – die weder nach den Zeiten zukünftige noch vor den Zeiten vergangene – »bestimmt« die zukünftigen und vergangenen Zeiten. Auch eine zukünftige Zeit wird so in der Zeit sein, dass sie durch die zeitlose Gegenwart der Ewigkeit immer schon hindurchgegangen ist. Sie ›ist‹, indem sie gewesen sein wird. Alles, was in der Zeit ist, geht durch den Augenblick des Immer-Gegenwärtigen hindurch vorüber.

Mit *Conf.* XI.13.16 wird die Frage beantwortet, wie das schöpferische ›Ist‹ der Ewigkeit sich – ›mit allem zugleich‹ und deshalb ›zeitlos und zeitfrei‹ – in der Zeit zeigt. Von diesem immer Gegenwärtigen gilt, dass es »allem Vergangenen vorausgeht durch die Erhabenheit der immer gegenwärtigen Ewigkeit und dass (es) alles Zukünftige überragt, weil es zukünftig ist und, wenn es gekommen sein wird, vergangen sein wird« (XI.13.16).

Für die Zeiten – die durch das kreative ›Ist‹ ihres Ursprungs hindurchgehen – gilt, dass sie so gewesen sein werden, wie sie als vergangene schon gewesen sind. In dieser Übergängigkeit der Zeiten bezeugt sich die Erscheinungsweise der Ewigkeit. Sie ist ›zwischen‹ den Zeiten – nicht als eine Zeit, sondern als die Simultaneität und in der Gegenwärtigkeit des Kreativen. Sein zeitfreies Sich-gegenwärtig-Sein ist *in der Zeit außer der Zeit* – es kehrt immer von neuem (so alt und so neu) wieder. Im Vorübergehen der Zeiten bleibt sich die Ewigkeit gleich als das »Heute« der Gegenwärtigkeit Gottes. Das Heute der Gegenwärtigkeit Gottes ist mit Zeit erfüllt. Aus ihm gehen die Zeiten hervor (so wie diese durch es hindurchgegangen sind und hindurchgehen werden). »Deine Jahre sind ein Tag, und dein Tag ist nicht Tag für Tag, sondern heute, weil dein heutiger Tag keinem morgigen weicht; nicht nämlich folgt er einem gestrigen (nach). Dein Heute ist die Ewigkeit.« (XI.13.16) Das Heute schöpferischer Ewigkeit ist im Vorübergehen der Zeiten kreativ gegenwärtig. Alles, was *in* der Zeit vorübergeht, geht *durch* dieses Heute, *aus* dem es jeweils jetzt ist, vorüber. Das Jetzt der Ewigkeit Gottes bleibt dadurch in sich – und ist nicht etwas, das vorübergeht –, dass es mit allem vorübergeht. Durch es geht alles vorüber, weil es das ›Prinzip‹ des Vorübergehens ist. Das Heute der Ewigkeit ist jeweils jetzt im Vorübergehen der Zeiten da. Es ist das Jetzt, das sich *zeitfrei in der Zeit*, d.h. *ewig* wiederholt.[24]

Was wir als Ewigkeit denken, braucht in keiner anderen Zeit als derjenigen, in der »unsere Tage vorübergehen«, gesucht zu werden. Das Heute der Ewigkeit bzw. Gegenwärtigkeit Gottes ist von keiner unendlichen Länge. Es ist der Erfahrung des vorübergehend Zeitlichen gegenüber kein Exklusivum, sondern deren Intensivum. Es geht im Augenblick vorüber. Im Augenblick ist die Zeit erfüllt. Der Augenblick ist das Heute der Ewigkeit Gottes in der Zeit.

Der Augenblick wird als das ›Heute der Ewigkeit Gottes‹ bewusst in den Augenblicken, in denen das Vorübergehen der Zeiten stillzustehen scheint. Im Augenblick durchdringen sich das Vorübergehen des Zeitlichen und die immer gegenwärtige Ewigkeit. Im Heute der Ewigkeit Gottes ist beides: das Vorübergehen des Zeitlichen und die im Vorübergehen des Zeitlichen stillstehende Ewigkeit. *Im Augenblick hält das Vorübergehen der Zeit an.* Er ist das ›Ist‹ der Ewigkeit, das in der Zeit immer von neuem wiederkehrt. Auf diese basale Einsicht kommt Augustin – wie beiläufig – schon im ersten Buch der *Confessiones* zu sprechen. »Und da deine Jahre nicht schwinden, sind deine Jahre dein heutiger Tag. Und wie viele schon unserer und unserer Väter Tage sind durch dein Heute vorübergegangen und existierten wie auch immer aus ihm, und es werden noch andere (durch es) vorübergehen und aus ihm (ihr) Maß empfangen und wie auch immer existieren. Du aber bleibst derselbe selbst, und alles Morgige und das danach und alles Gestrige und das vorher: Heute wirst du es tun, heute hast du es getan.« (I.6.10) In den Augenblicken der Ewigkeit wird das anhaltende Vorübergehen der Zeiten erblickt. Die Augenblicke, in denen das Heute der Ewigkeit Gottes erblickt wird, sind die erfüllter Zeit. Es sind Augenblicke der Transzendenz. In ihnen lässt sich, solange man in der Zeit ist, nicht bleiben. Weil sie Augenblicke der Transzendenz sind, überschreiten sie sich selbst. Das Erblicken der immer stehenden Ewigkeit ist keines, das kein Ende nähme. Die Augenblicke des Erblickens der Ewigkeit sind gewissermaßen das Endlichste. An ihnen wird einsichtig, dass das Zeitliche das ist, was enden wird. »Unsere Jahre werden dann alle sein, wenn sie nicht mehr sein werden.« (XI.13.16) In den Augenblicken, in denen das schöpferische Prinzip des in der Zeit Vorübergehenden erblickt wird, erblicken wir zugleich unsere Endlichkeit. Sie lassen uns in das Vorübergehen von Zeit zurückkehren. Wir kommen auf uns als »zum Nichtsein Strebende« zurück.

Zeit ist die Form, in der wir das in der Zeit Vorübergehende und Endende ordnen. Die Augenblicke der Ewigkeit sind in der Zeit die ›Knoten im Strom‹ des Zeitlichen. Das im zeitfreien Schnittpunkt des Übergehens von Zukünftigem in Vergangenes zeitlose Jetzt, in dem das Vorübergehen des Zeitlichen auf seinen Grund hin durchsichtig wird, dehnt sich zu keiner Zeitdauer aus. Der Augenblick des Erblickens des Gegenwärtigen vollzieht sich »raptim« (plötzlich, blitzartig). »Das allein kann gegenwärtig genannt werden, was so blitzartig aus Zukünftigem ins Vergangene vorüberfliegt, dass keine Zeitdauer sich ausdehnt.« (XI.15.20)[25] Auf »deine Winke hin fliegen die Augenblicke vorüber« (XI.2.3). Diese Winke sind Augenblicke der Selbstgegenwärtigkeit der im Vorübergehen der Zeiten immer stehenden Ewigkeit. Sie sind ›ohne Zeit zu jeder Zeit‹ in der Zeit. Sie dauern nicht. Sie können sich wiederholen und erinnert werden. Erinnern wiederholt sich in der Zeit. Es bringt Zeit zurück und ist selbst vergänglich.

Das Heute der Ewigkeit Gottes ist nicht das Andere der Zeit, sondern deren innere Form. Die Augenblicke der Ewigkeit sind die erfüllter Zeit. Sie sind, was wir als Grund des Vorübergehens der Zeiten denken. Es zeigt sich im Augenblick. »Alle Zeiten hast du gemacht und vor allen Zeiten bist du und zu keiner Zeit war nicht Zeit.« (XI.13.16) Das ist das zeittheoretische Fazit, das Augustin aus seiner Explikation der Ewigkeit zieht. Es ist zugleich die Einsatzstelle der Frage: »Was nämlich ist Zeit: Quid est enim tempus?« (Conf. XI.14.17) Sie folgt aus der Bestimmung des ›Ists‹ der Ewigkeit. Weil und sofern sich dieses ›Ist der Ewigkeit‹ schöpferisch zeigt, sprechen wir nur dann von Zeit richtig, wenn wir von Zeitlichem als demjenigen sprechen, das zum »Nichtsein eilt«: »non vere dicamus tempus esse, nisi quia tendit non esse.« (XI.14.17)

Zeit. Augustin sucht mit seiner Frage nach der Zeit eine Antwort darauf, weshalb wir sinnvollerweise von kürzerer oder längerer Zeit und einer inneren Verbindung der Zeiten sprechen können. Das Rätsel, das »implicatissimum aenigma« (XI.22.28) der »Kraft und Natur der Zeit« (XI.23.30) führt ihn zu der Einsicht, dass sie »irgendeine Art von Dehnung« ist. Sie scheint, so Augustin vorsichtig, eine »Dehnung nicht einer Sache, sondern die des Geistes zu sein« (vgl. XI.26.33). Wie lässt sich diese (von Plotin übernommene) Definition erklären und in unserer Erfahrung des Zeitlichen und unserer selbst als Zeitliches ausweisen? Der ›Geist‹ (*animus*) bezieht sich auf sich und erfährt eine ›Dehnung‹ (*distentio*), wenn und indem er sich auf das Vorübergehen des Zeitlichen bezieht. Wodurch? Dadurch, dass wir uns auf dasjenige, was vorübergehend in der Zeit ist, als Vergangenes beziehen. Das aber ist Erinnern. Die Voraussetzung des Erinnerns als eines retentionalen (›repräsentierenden‹) Aktes ist das Erinnern als intentionaler Akt, der jeweils jetzt – im Augenblick des Erinnerns – bewusst wird. Zeit wird zur *distentio animi* aufgrund der Erinnerung.[26] »Was also ist es, was ich messe? Wo ist die kurze Silbe, mit der ich messe? Wo ist die lange, die ich messe? Beide haben getönt, sind verflogen, vergangen [...]. Nicht sie selbst also, die nicht mehr sind, messe ich, sondern etwas in meiner Erinnerung, das ihr eingeprägt bleibt. – In dir, mein Geist, messe ich die Zeiten.« (XI.27.35-36) ›In meiner Erinnerung‹: das heißt ›im Geist‹. Die Retention (des Erinnerns) schließt einen zeitlichen Verlauf in sich. Die Augenblicke des Erinnerns schließen (mindestens) zwei Jetzte – das vergangene Jetzt, das erinnert wird, und das Jetzt des Erinnerns, das in Differenz zum vergangenen als ›jetziges Jetzt‹ bewusst wird – in sich. In der Erinnerung bleibt eingeprägt, dass Erinnern heißt, etwas in seiner zeitlichen Verschiedenheit, d.h. im Vergangensein und Vorübergehenwerden seiner Gegenwärtigkeit wie seines Erinnertwerdens zu erinnern. ›Zwischen‹ den (mindestens zwei) Gegenwärtigkeiten, die im Erinnern zusammengebracht werden, ›spannt‹ sich der Geist. So wie wir jetzt Vergangenes und unsere vergangene Intention als Retention erinnern, werden wir unsere jetzige Intention als ›dann‹ vergangene erinnern können – und so weiter. Die Frage nach dem Grund und der Ermöglichung der *distentio animi*, in der und durch die wir Zeit erfahren, ist die Frage nach der *praesens intentio* auf das Vorübergehen des Zeitlichen. Es ist eine Frage nach der Aufmerksamkeit auf das Gegenwärtige. Erinnernd werden wir darauf aufmerksam, dass das Zeitliche in seiner Verschiedenheit (d.h. Differenz und Vergangenheit) im Geist ›ist‹. *Die ›praesens intentio‹ ist der springende Punkt (in) unserer Erfahrung von Zeit.*

Der Abschnitt 28.37 in Buch XI gibt die entscheidende Antwort auf die Frage, wie sich im Vorübergehen des Zeitlichen der Geist ›dehnt‹ und wir nicht nur das Vorübergehen des Zeitlichen, sondern Zeit selbst als *distentio animi* bemerken. Wie werden wir auf das Gegenwärtige aufmerksam? Das Vergangene ist nicht mehr. Aber im Geist ist die Erinnerung von Vergangenem. Wenn im Geist die Erinnerung des Vergangenen ist, dann ist es eine Erinnerung vergangener Gegenwärtigkeit. Darin ist zugleich erinnert, dass das Vergangene zukünftig war und durch seine Gegenwärtigkeit hindurch Vergangenes wurde. Jedes Gegenwärtige ist das Vergangensein eines gerade noch Zukünftigen. Die Aufmerksamkeit (*attentio*, *intentio*) auf das, was gegenwärtig ist, zeigt sich in der Erinnerung des Vergangenen als des eben jetzt noch Gegenwärtigen bzw. Gegenwärtiggewesenen. Die *praesens intentio* ›schafft das Zukünftige ins Vergangene hinüber‹. Sie ist Erinnerung eines ›gerade noch Zukünftigen‹ als eines ›jetzt schon Vergangenen‹. In der Erinnerung bildet sich der Faden, der sich durch das vergangene Jetzt des Erinnerten und das gegenwärtige Jetzt des Erinnerns schlingt und beide verbindet. Zwischen dem Erinnerten und seinem Erinnertwerden ist Zeit vergangen. Die Erinnerung ›umspannt‹ zurücklaufend (retentional) das vergangene Jetzt und von da vorlaufend (protentional) das Jetzt des Erinnerns von Erinnertem. In der Gegenläufigkeit von Retention und Protention wird bewusst, dass in der Gleichzeitigkeit des Gegenwärtigen das Geschehen von Zeit präsent ist. *Im Augenblick der Erinnerung hält das Vergehen des Zeitlichen in der Zeit an.*

Was für das vergangene Jetzt gilt, das jetzt erinnert gegenwärtig wird, gilt auch für das jetzt Gegenwärtige. Es wird als das jetzt Gegenwärtige wieder erinnert werden. Es ergibt sich gleichsam eine Zeitversetzung. Das jetzt Gegenwärtige lässt sich vom vergangenen Jetzt her als selbst Vergehendes, als ›dann‹ zu Erinnerndes, betrachten. Auf das Vergangene (Erinnerte) zurücklaufend läuft die Erinnerung in das Vergehen des jeweils jetzt Gegenwärtigen vor. In dieser Gegenläufigkeit der Erinnerung ist das Fließen der Zeiten ›aufgehoben‹ – durchbrochen und bewahrt. Die Schleife des Zeitlichen in der Zeit, die es seinem Vergehen bzw. Vergangensein enthebt, schlingt sich in das Fließen der niemals stehenden Zeiten zurück. Die andauernde Aufmerksamkeit als Grund und Ermöglichung der Dehnung des Geistes setzt damit das objektive Vorübergehen des Zeitlichen gerade *nicht* außer Kraft. Das Bemerken der (zwei oder mehr) verschiedenen ›Jetzte‹, durch das sich für uns Zeit konstituiert, setzt das Vorübergehen des Zeitlichen vielmehr voraus. »Und wer bestreitet, dass die gegenwärtige Zeit der Ausdehnung entbehrt, weil sie im Augenblick vorübergeht? Aber dennoch dauert die Aufmerksamkeit, durch die hindurch dasjenige, was herankommt, fortfährt wegzusein.« (XI.28.37) Dieser Satz – »quis negat praesens tempus carere spatio, quia in puncto praeterit? Sed tamen perdurat attentio, per quam pergat abesse quod aderit« – ist einer der zentralen in Augustins Analyse der Erfahrung von Zeit.

Die *attentio* auf das, was *in puncto* vorübergeht, ist die Grenze zwischen Zukünftigem und Vergangenem. Abstrakt betrachtet fallen die Dimensionen der Zeit auseinander: zu der Abstraktion des Noch-*Nicht*-Seienden, der des *Nicht*-mehr-Seienden und der eines ›Gegenwärtigen‹, das keine Ausdehnung hat und *nichtig* ist. Konkret betrachtet ist die *attentio* auf das Gegenwärtige als Übergang zwischen Zukünftigem und Vergangenem der Schnittpunkt des ›Gegenwärtiggewesenseins von Zukünftigem‹. Dieser Schnittpunkt – das Gegenwärtige, das *in puncto praeterit* – ist ausdehnungslos. Was sich dehnt, ist die Aufmerksamkeit auf die Übergängigkeit des Gegenwärtigen. Uns erinnernd blicken wir auf Vergangenes zurück und werden uns zweier Gegenwärtigkeiten bewusst. Wir erinnern eine vergangene Gegenwärtigkeit. Die Gegenwärtigkeit ›jetzt‹ begreifen wir als eine, die vergangen sein wird – und jetzt in der andauernden Aufmerksamkeit schon erinnert ist. Im Augenblick der Gegenwärtigkeit durchdringen sich die Gegenwärtigkeit des Zukünftigen, die Gegenwärtigkeit des Gegenwärtigen und die Gegenwärtigkeit des Vergangenen. Die Dimensionen der Zeit stellen ein selbstvergessenes Andenken von Zeit in ihrer Gegenwärtigkeit dar, in dem aus Vergangenheit auf Gegenwart und Zukunft geschlossen wird. Aus dem Augenblick, in dem sich die Gegenwärtigkeit des Zukünftigen, die des Gegenwärtigen und die des Vergangenen durchdringen, gehen für die Erfahrung alle Zeiten hervor. Dieses immer Gegenwärtige aber, von dem alle Zeiten »erschaffen werden und aus ihm hervorgehen«, ist der »Glanz der immer stehenden Ewigkeit« (XI.11.13). Die Ewigkeit Gottes ist schöpferisch in Beziehung zur Zeit. ›Zeit‹ ist der Inbegriff des Endlichen, weil die Ewigkeit mitten in ihr vorübergeht. Sie wird im Augenblick ihrer Gegenwärtigkeit erblickt. In diesen Augenblicken hält das Vorübergehen des Zeitlichen an.

Die Zeiten selbst ›sind‹ für uns erinnert. Erinnert spannen sich die Zeiten zwischen den Augenblicken der Gegenwärtigkeit, in denen wir im Vorübergehen der Zeiten durch die Erinnerung dieses Vorübergehen selbst bemerken und zu ihm zurückkehren. Nicht ›die Zeiten‹ halten wir als Zeit fest, sondern das, was inzwischen, sozusagen unbemerkt, vergangen ist. Es ist ein und dieselbe Aufmerksamkeit, die in einer Hinsicht dem Vorübergehen des Zeitlichen und in anderer der Gegenwärtigkeit der darin sich bezeugenden schöpferischen Ewigkeit gilt. Eine dichotomische Entgegensetzung zwischen einer transtemporalen Ewigkeit des Geistes und der Zeit endlichen Daseins als einem eigentlich zu vernachlässigenden Bereich des bloß Veränderlichen dagegen bedeutet eine Aufspaltung der Einheit unserer Zeiterfahrung.

Endlichkeit. Am Singen eines Lieds, am Sinn des Hörens und am Beispiel ästhetischer Erfahrung, erläutert Augustin (XI.27.34-28.38) die Bewusstseinsleistungen, die sonst unbemerkt gerade auch die gewöhnliche Erfahrung von Zeit konstituieren. Es ist kein Zufall, dass Augustin am Modell ästhetischer Zeiterfahrung die für die gewöhnliche Erfahrung von Zeit konstitutiven Wahrnehmungsakte erklärt. Ästhetische Erfahrung gründet in der Gleichzeitigkeit der vom Vergehen von Zeit erfüllten Augenblicke. In ihnen wird die nicht-umkehrbare Chronologie und Sukzession der Realität der Zeit nicht destruiert oder übersprungen, sondern spielend aufgehoben. Ästhetische Erfahrung entspricht jener Gleichzeitigkeit, die wir als Ewigkeit Gottes denken und – als Ursprung von Zeit (s.o.) – erinnert haben. Im Bemerken des spielenden Aufgehobenseins der realen in der ästhetischen Zeit ist die Unumkehrbarkeit der Zeit, die ›alles hinwegschafft‹, aufgehoben – nicht getilgt. Wenn es so ist, dass sich ein *ordo saeculorum* nicht wissen lässt – dann kommt es auf dieses Bemerken des spielenden Aufgehobenseins der existentiellen Unumkehrbarkeit von Zeit an. Beinahe pathetisch schließt Augustin: »Und was so im ganzen Lied geschieht, geschieht auch in seinen einzelnen Teilen und in seinen einzelnen Silben. Es geschieht auch in einer längeren Tätigkeit, von der dieses Lied vielleicht ein kleines Teilchen ist, und auch im ganzen Leben der Menschen, dessen Teile alle Handlungen der Menschen sind. Es geschieht auch in der ganzen Weltzeit der Menschenkinder, deren Teile alle Leben der Menschen sind.« (XI.28.38) Wenn in ästhetischer Erfahrung die reale Unumkehrbarkeit der objektiven Zeit aufgehoben ist, dann ist sie das real – was das faktische Dasein in der Zeit angeht – gewiss nicht. Die Einheit ästhetischer Erfahrung kann Zeit als Bedingung endlichen Daseins nicht überwinden. Sie ist von dieser Bedingung der Endlichkeit vielmehr durchdrungen (vgl. Kap. 6.3). In ästhetischer Erfahrung sind wir die Akteure der Zeiträume, die wir wahrnehmen und messen. Im faktischen Dasein in der Zeit finden wir uns im Vorübergehen dieser Zeiträume vor. Es ist eine Illusion, wollte man glauben, Zeit als Bedingung von Endlichkeit und als Bedingung individuellen Daseins überwinden oder tilgen zu können. Deshalb verabschiedet Augustin platonisierende Versuche – denen er selbst anfänglich folgte (vgl. Kap. 2) –, die den unhintergehbar kreatürlichen ›Rest‹ kontingenten Daseins in einem harmonischen Ganzen – einer Ordnung der Zeiten jenseits der Endlichkeit – aufgehoben sein lassen. Ein ›Geist‹, der alle Zeiten so kennte wie wir ein uns bekanntes Lied, wäre »Schrecken machend erstaunlich«: »ad horrorem stupendus« (vgl. XI.31.41).

Auch – und gerade – eine Theorie der Zeit kann die Bedingungen kreatürlicher Endlichkeit nicht überwinden. Das dürfte der Grund für den abrupten Perspektivwechsel sein, den Augustin in der Verwendung des Ausdrucks *distentio* am Ende von *Confessiones* XI vollzieht. Ging es nach der vorsichtigen Exposition der Definition von Zeit als *distentio animi* um den minutiösen Ausweis des in dieser Definition Implizierten – um die Zusammengehörigkeit von Erinnerung, Erwartung und Aufmerksamkeit in dem sich im Vorübergehen des Zeitlichen begreifenden Bewusstsein –, so konstatiert nun Augustin plötzlich: »Siehe, Zerdehnung ist mein Leben« – eine strikt negativ konnotierte »distentio«, der »intentio« und »extentio« als innerzeitliche Weisen praktischen Verhaltens gegenübergestellt werden.[27] Gerade dieser Perspektivwechsel in der Frage nach der Zeit als *distentio animi* lässt deutlich werden, dass Augustin nicht aus der Position einer Theorie fragt, die eine Betrachterrolle einzunehmen und Zeit als Bedingung endlichen Daseins überwinden zu können meint. Seine Frage nach der Zeit hat vielmehr ausdrücklich damit zu tun, dass Bewusstsein immer Bewusstsein der eigenen Endlichkeit meint. »Ich aber zersplittere in die Zeiten, deren Ordnung ich nicht kenne«, bekennt Augustin, wie erwähnt, am Schluss.[28]

Faktisches Dasein ist zeitliches Dasein. Als zeitliches Dasein ist es endliches Sein. Wir haben keinen unendlichen Vorrat an Zeit. Aus dieser Erkenntnis und Annahme der eigenen Endlichkeit folgt die Einmaligkeit und Unwiederbringlichkeit gelebter Zeit. Wenn die individuelle Lebenszeit kein unendlicher Vorrat ist, dann kommt es darauf an, aus der Einsicht, dass die Lebenszeit ein »cursus ad mortem« ist, in die Zeit der eigenen Endlichkeit zurückzukommen.[29] Wir kehren mit jedem Augenblick aus der in ihm gegenwärtigen Ewigkeit in unsere Endlichkeit, dieser uns entsinnend, zurück. Wir gehen über unsere Endlichkeit hinaus, indem wir uns auf sie besinnen und auf sie zurückkommen. Das, was inmitten dieser Augenblicke der Erinnerung geschieht (vorübergeht und sich erfüllt), ist ›Zeit‹.

Der Aspekt der Endlichkeit faktischen Daseins wird mit der Rede von Geschichte gemeint. Sie ist die Dimension und der Zeitraum, den es für das Zurückkommen aus dem Vorlaufen in die eigene Endlichkeit gibt.[30] Dass Augustin den Fragehorizont, der mit dieser Rede von Geschichte gemeint wird, gleichsam entdeckt, ist Konsequenz wie Resultat der Zeit- und Ewigkeitsanalyse in *Confessiones* XI. Daran wird er in *De civitate dei* anschließen (vgl. Kap. 6).

5. Trinitätslehre als Theorie des Geistes: *De trinitate*

5.1 Trinitätsspekulation als durchgängiges Motiv

Was Augustin mit seiner Trinitätslehre grundgelegt hat, ist ›spekulatives‹ Denken im Sinne der Deutung, die er dem Terminus Spekulation gibt: er leitet ihn (im Hinblick auf 1 Kor. 13.12) von *speculum* (Spiegel) im Unterschied von *specula* (Beobachtungsanhöhen) und *speculari* (spähen, einem militärtechnischen terminus) ab: »Speculantes dicit, per speculum videntes, non de specula prospicientes.« (De trin. XV.8.14) Denken der Trinität ist ›Spiegeldenken‹: Reflexion der Trinität im Bewusstsein, das sich dadurch als deren Spiegel begreift.

Worum es dabei geht, betrifft in theoretischer (und vielleicht nicht nur in theoretischer) Hinsicht das Innerste des christlichen Denkens Augustins. »Deus autem trinitas«.[1] Der springende Punkt in der reflexiven Selbstentfaltung des trinitarisch gedachten Gott ist der ›Geist‹. Er ist mit dem ›Sohn‹, in dem der göttliche Logos ›Fleisch geworden ist‹, vom ›Vater gezeugt‹, gehört also in die göttliche Trinität. Mit ihm wird ihre Erkennbarkeit selbst Teil der Natur Gottes. Zugleich ist der ›Geist‹ uns ›geschenkt‹ (vgl. De trin. XV.17.27 ff.). Er wird damit zum logischen Ort der Einheit von göttlicher und menschlicher Natur. »Spiritus ergo et dei qui dedit et noster qui accipimus.« (De trin.

V.14.15) Denken der Trinität erweist sich als Selbstreflexion des Geistes, der in seinen Grund geht, wenn wir unser Denken als Entsprechung eines schöpferischen Prinzips denken. *Geist* ist die (trinitarische) Struktur sich selbst denkender Beziehung. Was den spezifisch ›christlichen‹ Einsatzpunkt betrifft, hat Hegel gewiss recht, wenn er konstatiert, dass das »Zusammenbinden der ungeheuersten Gegensätze [...] das ungeheure Moment im Christentum [ist]«. Dass »die Dreieinigkeit das Wahre ist«, ist bereits »Lehre der Neuplatoniker«. Soll sie aber »bewiesen« und ihr »die Form der innerlichen Notwendigkeit« gegeben werden, »muss die Wahrheit der Idee des Geistes als konkreter Geist erkannt sein; und dies ist die eigentümliche Form bei den Kirchenvätern [...]« – namentlich in *De trinitate*: Das »Konkrete ist das Wahre [...]. Es ist die Einheit der göttlichen und menschlichen Natur.«[2]

Die trinitarische Selbstreflexion des Geistes ist ein Denken der Einheit der göttlichen und menschlichen Natur. Die Lehre der Trinität ist eine Theorie des Gott denkenden Geistes. Es ist ein Denken von Beziehung. Denken von Beziehung ist ein Denken von Vermittlung – es ist die Rekonstruktion des Vermitteltseins desjenigen, was wir in der Reflexion als göttliche und menschliche Natur unterscheiden.

Dieser Kerngedanke der Trinität lässt sich schöpfungs- und bewusstseinstheoretisch fassen. ›Schöpfungstheoretisch‹ ist das Denken der Trinität die Reflexion eines dynamischen Prozessganzen. Ein schöpferischer *Grund* (*natura creatrix*; *non facta*, De trin. XV.1.1; XIV.12.16) wird in seinen *Erscheinungen* (den *creata*) zum Gegenstand des *Denkens*, das jenen Grund in diesen Erscheinungen erkennt und selbst als die Vermittlung beider zu denken ist. Dabei wird die Denkform, in der über die Trinität als Gegenstand nachgedacht wird, selbst trinitarisch. Die Selbstreflexion des Bewusstseins wird zum Ort, in dem der Geist ›findet‹, wovon er sich als Entsprechung denkt. ›Finden‹ (*inventio*) ist Augustin ein ›Gehen in das, was gefragt oder gesucht wird‹.[3] Dieser bewusstseinstheoretische Aspekt bedingt ein Zugrundegehen aller Vorstellungen, die von Gott als von einer anderen Natur sprechen als der, die wir denkend zu erinnern vermögen und die auf diese Weise als Grund des Bewusstseins das ›Eine in uns‹ ist. Wenn sich im menschlichen Bewusstsein – in der Tätigkeit des Geistes – ›Spuren‹ (»vestigia«) finden lassen, die als Dreier-Strukturen (Ternare) zu deuten sind, dann betrifft das die interne Verfasstheit des Bewusstseins und es belegt zugleich die Wirklichkeit desjenigen, wovon sich der Geist (nach Gen. 1.26) als ›Bild‹ denkt. Es belegt, dass er Bild ist, und es zeigt, wovon er Bild ist. Beides – die Aufklärung a) der internen Verfasstheit des tätigen Geistes wie b) das theologische Beweisziel – sind bewusstseinsphilosophische Ergebnisse. Das ist bezüglich a) selbst evident – gilt aber auch für b): denn hier ergibt sich, dass sich Bewusstsein erst in Beziehung zu einer Instanz zu begreifen vermag, die nicht seine Setzung – auch nicht die eines ontologischen Seins – ist. Beziehung heißt – und hier wird die ›bloße‹ Dyas von Grund und Erscheinung zur trinitarischen Struktur des Geistes –, dass sich Bewusstsein in Einheit mit dieser Instanz wie seine Differenz von ihr begreift – und darüber hinaus, dass es jene Einheit (und mit ihr die Wirklichkeit des Geistes) realisiert, indem es seine Differenz erkennt.[4]

Die folgenden Hinweise werden sich auf den bewusstseinstheoretischen Aspekt der Trinitätslehre, ihren philosophischen Gehalt beschränken. Diese Beschränkung legt sich nicht zuletzt deshalb nahe, weil Augustin selbst die ›Spuren der Trinität‹ in der Analyse der Akte unseres Bewusstseins gewinnt.

Zwei Bemerkungen seien vorausgeschickt. 1) Das Reden von der Trinität, insbesondere von den »drei Personen«, ist ein sprachlicher Notbehelf. »Diese Wörter gebraucht man wegen der Not der Rede.« Diese – mythologische – Rede ist missverständlich und ihr Grund allein der, »nicht zu schweigen«[5]. 2) Die Lehre der Trinität ist eine Analyse und Selbsteinsicht des Denkens gerade in methodischer Hinsicht. Trinitarisch ist die Form des Denkens, die als Trinität zu dessen Gegenstand wird. Für das Denken der Trinität gilt der programmatische Anspruch, dass »der Glaube sucht und die Einsicht findet«: »Fides quaerit, intellectus invenit.« (De trin. XV.2.2) Es geht nicht um die Suche nach einem Denktranszendenten (zu dem etwa nur in transmentalen Aufstiegen wie zu einem Mysterium zu gelangen sei). Denken der Trinität ist gewissermaßen programmatischer Antidualismus. Zu seinem Leitmotiv wird, dass wir die Grenzen unserer Natur nicht zu überfliegen vermögen und auch nicht zu überfliegen brauchen (vgl. De trin. IV.15.20; VIII.7.11.). Was findet sich innerhalb der Grenzen unserer Natur und Erfahrung? »Alles, was wir wissen, können wir nur durch unseren Geist, unser Denken« wissen: »omnia quae scimus non nisi mente scire possimus.« (De trin. XIV.5.8) Was findet sich in der und als Selbsterkenntnis des Geistes? Die Beantwortung dieser Frage führt darauf, dass die Tätigkeit des Geistes sich in Graden der Bewusstheit und Intentionalität vollzieht. »Denken wir der Natur des Geistes nach, so finden wir nicht, was wir nicht wussten, sondern stoßen auf etwas, was wir schon wussten, aber nicht eigens bemerkten.« (De trin. XIV.5.8) Beim Denken der Trinität geht es um ein Zurückkommen auf dasjenige, was im Denken als sein ›Grund‹ zu finden ist.

Augustin hat das Programm einer philosophischen Rekonstruktion des Gegenstandes Trinität nicht erfunden. Vorläufer sind hier insbesondere (um nur diese beiden zu nennen) Porphyrios und Marius Victorinus.[6] Aber Augustinus hat – sozusagen provoziert durch das mythologische Datum, dass der geglaubte Gott als *trinitas* zu begreifen ist[7] – als erster die Frage insbesondere nach den bewusstseinsphilosophischen Gehalten und den Implikationen der Trinitätslehre mit dem Versuch einer systematischen Rekonstruktion beantwortet. Das geschieht in einem doppelten Kontext. Die theologische Problemstellung, die in *De trinitate* nachklingt, ist der Arianer-Streit.[8] Beim Konzil von Nizäa wurde 325 gegen Arius (gest. 336) ins Symbolon die Definition aufgenommen, dass ›der Sohn mit dem Vater wesensgleich bzw. wesenseins‹ sei: »homooúsios«. Dem wurde von Seiten östlicher Theologen – 268 war dort eben dieses »homooúsios« verurteilt worden – als Schlagwort sofort das »homoioúsios« entgegengesetzt: Was die Natur oder das Wesen des Sohnes angehe, so sei dieser der väterlichen Instanz gegenüber allein ›wesensähnlich‹. Vertrat das »homooúsios« die Vermittlung von göttlicher und menschlicher Natur in der Instanz des Sohnes, so hielt das »homoioúsios« an der Transzendenz des göttlich Einen jenseits dieser Vermittlung fest. Es waren auf kirchlicher Seite Hilarius v. Poitiers (gest. 367), Athanasios (gest. 373), die Kappadozier (Basilios, gest. 379, Gregor v. Nazianz, gest. 390/91, Gregor v. Nyssa, gest. 394) und Ambrosius (gest. 397) – eben jener Ambrosius, der Augustin in Mailand endgültig bewog, vom manichäischen Dualismus seiner Jugend abzurücken (vgl. Kap. 2) –, die die ›Wesensgleichheit‹ bzw. ›-einheit von Vater und Sohn‹ vertraten und schließlich auch durchsetzten. Der Arianismus fiel beim Zweiten Ökumenischen Konzil 381 in Konstantinopel unter die verbotenen Häresien.[9] Der Sache nach geht es bei der Diskussion um das ›Wesensähnlich oder Wesensgleich bzw. Wesens-Eins‹ von Vater und Sohn um folgende Frage: Inwiefern lässt sich die Vermittlung der menschlichen Natur mit der göttlichen als konkrete Einheit des göttlich Einen mit den vielfältigen Formen seines Erscheinens denken, ohne die Differenz beider aufzuheben. Dieser ›innerchristlichen‹ Frage entspricht die philosophische Problemlage am Ende der Antike.

Plotin hatte die Trias von »hen – nus – psyché« für die Reflexion der Selbstbeziehung des Geistes vorgegeben. (Die Möglichkeit der) Selbsterkenntnis des Geistes wird gedacht als Form des Sich-selbst-Denkens der Seele in der abgestuften Trias von ›(göttlich) Einem – Geist – Seele‹.[10] Die Seele erkennt sich selbst oder sich als (wahres) Selbst im Aufstieg zum Geist, der im Einen gründet. Dieses Eine ist schlechterdings transzendent in dem Sinne, dass es jenseits jeder Denkbestimmung und Aussagbarkeit liegt.[11] Es ist relations- und differenzfrei: jenseits jeder Vermittlung. Jenseits von allem fungiert es zugleich in der hierarchisch aufsteigenden Selbstvergewisserung des Geistes als Grund des Bewusstseins. Es ist ein Grund nicht im, sondern jenseits allen Denkens und Bewusstseins – der Vielgeschäftigkeit faktischen (sinnlichen, endlichen oder kreatürlichen) Seins entgegen. Nicht Vermittlung, sondern gegebenenfalls ekstatische Einung (Entkreatürlichung) ist die diesem transzendent Einen gemäße Verhaltensweise.

Porphyrios kassiert die schlechthinnige Transzendenz des (göttlich) Einen und führt eine Triade von »Sein – Leben – Denken« ein, wobei er Plotins *hen* mit dem »Sein« identifiziert und dieses Sein als dynamischen Ermöglichungsgrund denkt, der sich als Leben äußert. *Sein* ist oder zeigt sich als *dynamis*, die als *Leben* aus sich herausgeht und im *Denken* bzw. qua Denken zu sich zurückkehrt. Statt des Aufstiegs zu ekstatischer Einung liegt damit ein Kreismotiv vor: Ein ursprünglich Eines geht aus sich hervor, um sich im erkennenden Rückbezug mit sich zu vermitteln. ›Ursprung – Entfaltung – Rückkehr‹ oder ›Anfang – Entzweiung – Rückbezug‹ sind die Formen dieses Kreises.[12] Damit ist, was als das ursprünglich (göttlich) Eine gedacht wird, nicht mehr jenseits einer Beziehung zu den Formen seiner Erkenntnis. Aber die Differenz zwischen dem endlichen (christlich gedacht: kreatürlichen) Bewusstsein und der Instanz, im

Hinblick auf die und in Relation zu der sich dieses Bewusstsein als endlich begreift, ist damit überspielt.

Vor Augustin hat Marius Victorinus gegen die Arianer die christliche Trinität mit der Triade ›Sein – Leben – Denken‹ erläutert und damit die Kluft zwischen der Transzendenz des göttlichen Einen und der dem Denken zugänglichen Form des Geistes überbrückt. Aber zugleich reduziert sich die trinitarische Selbstreflexion des Geistes auf die Dyas von Grund und Erscheinung, von Kraft und Gestalt. Bleibt Plotins *hen* jenseits aller Vermittlung, so taucht das Problem und die Notwendigkeit der Vermittlung zwischen der Endlichkeit menschlichen Bewusstseins (und seiner Immanenz) und jenem göttlich Einen (und seiner Transzendenz), in Beziehung auf das sich das menschliche Bewusstsein in seiner Endlichkeit begreift, in der Triade von ›Sein – Leben – Denken‹ und in der Dyas von ›Kraft und Gestalt‹ nicht auf. Diese Vermittlung der Immanenz endlichen (menschlichen) Bewusstseins mit der Transzendenz der göttlichen Natur aber ist die Glaubensgewissheit und sozusagen das mythologische Datum der christlichen Trinität: Sie im Hinblick nicht auf die Endlichkeit *der* menschlichen Natur überhaupt, sondern im Hinblick auf die Endlichkeit eines jeden Individuums als konkrete Menschwerdung des Göttlichen zu begreifen ist die sich mit der christlichen Fassung des Trinitätsglaubens stellende philosophische Herausforderung. Darüber hinaus bleibt bei Marius Victorinus die dritte Instanz der Trinität – der Geist – sozusagen funktionslos. Will man nicht bei dieser Dualität stehenbleiben, so muss plausibel gemacht werden können, wie Bewusstsein in seiner konkreten und individuellen Endlichkeit mit dem, was es als göttliche Kraft denkt (und denken muss, sofern es sich als endliche Kreatur begreift), vermittelt ist. Erst diese Vermittlung rekonstruiert, wofür der Vorstellungsgehalt der Glaubensgewissheit ›Trinität‹ steht. Gelingt diese Rekonstruktion mit philosophischen Mitteln, dann reproduziert sie in der Sphäre des sich in seiner Endlichkeit begreifenden Geistes, wovon dieser sich als Bild denkt. Die Dyas von ›Kraft und Gestalt‹ (Grund und Erscheinung) reicht hierfür nicht aus. Sie reicht aus, um die Substanzgleichheit von Vater und Sohn – den entscheidenden Punkt im Arianerstreit – zu erklären. Aber sie erklärt nicht, dass der menschliche Geist als individuell-endlicher Geist seine Einheit mit der göttlichen Substanz durch das Begreifen seiner Verschiedenheit von ihr begreift. ›Geist‹ ist die Instanz, in der sich die Einsicht in die Einheit von göttlicher und menschlicher Natur gleichsam verdoppelt zur Einsicht in die Einheit von beider Differenz und Einheit. Augustinus hat das gegen Ende der *Confessiones* auf die einprägsame Formel gebracht: »inseparabilis distinctio et tamen distinctio«[13]. Um diese Einheit von Differenz und Einheit zu explizieren, ist es erforderlich, die zweite Instanz der Trinität, den Sohn, nicht nur als Fleischwerdung des göttlichen Logos zu denken, sondern ebensosehr von der Endlichkeit des menschlichen Bewusstseins her zu begreifen. Die Selbstreflexion der in der Tat dialektischen Natur dessen, was sich als Bild der göttlichen Trinität denkt, gilt es von der Endlichkeit eben dieses Bildes her zu entwickeln. Erst dadurch wird die Theorie des sich selbst denkenden Geistes zu einer Theorie des konkreten Geistes. Das leistet Augustin in *De trinitate*.

Er geht dabei von Marius Victorinus und der Dialektik von Grund und Erscheinung aus. In *De vera religione* wird mit dem ›Einen selbst‹ (dem *unum ipsum*) Plotins Bestimmung des Höchsten als des ›Hen‹ übernommen und als ›schöpferische Trinität‹ (*trinitas creatrix*) gedeutet, von der jede Natur ist, sofern sie ›ist‹. Jedes Ding zeige ›dreierlei‹: Es ist ›Eines‹, wird durch die ihm eigentümliche ›Form‹ von den übrigen unterschieden und gehört in die ›Ordnung‹ der Dinge. In der sich wechselseitig durchdringenden Dreiheit von *unum*, *species*, *ordo* erscheint die ›Ewigkeit der Trinität‹ in der ›Veränderlichkeit der Schöpfung‹ (vgl. De vera rel. 7.13; 8.14). Das Eine bedeutet als Prinzip des Erscheinens das ›Es selbst‹ (*id ipsum*) schöpferischer Selbstbeziehung, das im Erscheinen von *creatura* als *unum principale* wirklich ist.[14] Die Struktur von ›ursprünglich Einem (Grund), Einheit als seiner förmlichen Erscheinung und Erkenntnis des ursprünglich Einen in der gestalteten Ordnung seines Erscheinens‹ deutet – kosmologisch bzw. metaphysisch gewendet – den Prozess erscheinender Natur bzw. Kreatur als Darstellungsweise einer kreativen Kausalität. Das *unum principale* ist zu begreifen als *trinitas creatrix.* Das aus dem Neuplatonismus übernommene *unum ipsum* ist, verknüpft mit dem biblischen *id ipsum*, zum *unum principale* geworden, das als *trinitas creatrix* zu begreifen ist. Entscheidend wird in diesem Zusammenhang das Postulat, dass »zwischen dem Geist, in dem wir Gott erkennen, und der Wahrheit, durch die wir ihn erkennen, keine Kreatur (dazwischen) gesetzt ist«[15]. Dies ist der Gedanke emanationsfreier, sozusagen purer Vermittlung. Ihn expliziert die trinitarische Selbstreflexion des Geistes. ›Zwischen‹ der Trinität und unserem Geist, den wir als Bild der Trinität denken ist »keine Natur dazwischen«: »nulla interiecta natura est.« (De trin. XI.5.8) Zwischen dem Geist, der die göttliche Trinität denkt, und dieser gedachten göttlichen Trinität, ist nur die Selbsterkenntnis des Geistes, der diese Beziehung denkt, und dadurch ›in seinen Grund geht‹ und etwas ›Nicht-Endliches‹ in sich findet. Beim Denken der Trinität geht es nicht um eine Transzendenz des Geistes und seiner Denkformen, sondern um ein Zurückkommen auf dasjenige, was wir in diesem Geist selbst finden. Denken wir der Natur unseres Geistes (*animus*) nach, so finden wir nicht, was wir nicht wussten, sondern stoßen auf etwas, was wir nur nicht dachten, d.h. schon ›wussten‹, aber nicht eigens bemerkten. (De trin. XIV.5.8) Die Denkform, in der die Trinität als Gegenstand erscheint, wird – anders gesagt – zur Explikation dieses Gegenstandes selbst.

Im Kommentar und der Allegorese von Gen. 1 kommt Augustin in Buch XIII der *Confessiones* auch auf die Trinität zu sprechen. Conf. XIII.11.12 markiert jenen Einschnitt, der im Genitiv ›Denken der Trinität‹ diese nicht mehr nur Objekt, sondern auch Subjekt sein lässt. Von trinitarischen Beziehungen zu reden ist keine mythologische (oder kosmologische oder ontologische) Projektion, sondern (primär) ein zu analysierendes bewusstseinstheoretisches Datum. Diese bewusstseinstheoretische Wende im Denken der Trinität besagt, dass die Prinzipien des Denkens in der Reflexion über die Gegenstände des Denkens selbst mitbedacht werden müssen. Es ist die Evidenz der selbstreflexiven Natur des Geistes, die Augustins Frage nach der Trinität zur Analyse des Grundes und der Form der selbstreflexiven Natur des Geistes werden lässt. Zum Stichwort für diese entscheidende Wende wird die Formulierung »inseparabilis distinctio et tamen distinctio« (Conf. XIII.11.12). In der reflexiv sich ergebenden Dreiheit von ›Sein, Wissen und Wollen‹ – »Ich bin nämlich und weiß und will. Ich bin wissend und wollend und ich weiß, dass ich bin und will, und ich will, dass ich bin und weiß.« (XIII.11.12) – sei die Unterscheidung (*distinctio*) der drei Momente des Ternars gerade Ausdruck der den unterschiedenen Drei zugrunde liegenden Einheit. Die Unterschiedenheit ist unabtrennbar (*inseparabilis*) von der Einheit. Zur Erläuterung dieser ›Einheit von Unterschiedenheit und Einheit‹ fügt Augustin die methodische Direktive hinzu, dass »jeder sich selbst vor sich habe«. Für das Verständnis der Einheit von Unterschiedenheit und Einheit kommt es darauf an, auf die Akte des Denkens selbst aufzumerken.

Damit ist folgender methodischer Wandel im Denken der Trinität vollzogen. 1) Die Analyse des Gegenstandes Trinität wird zu einer Analyse des Denkens der Trinität. ›Denken der Trinität‹ ist das Programm einer Theorie der Selbsteinsicht des Geistes, in der »das Denken gedacht wird«: »cogitatio cogitatur« (De trin. XV.9.16). 2) Das Denken der Trinität ist ein Denken der ›Einheit von Unterschiedenheit und Einheit‹. Was als ›göttlich Eines‹ gedacht wird, ist der Grund im Bewusstsein, der durch die Differenz des Bewusstseins in seiner ›Geschöpflichkeit‹ gegenüber diesem Grund begriffen wird. 3) Das zeigt sich gerade im Zurückkommen zur Evidenz kreatürlichen Daseins. Diese ist kein Denkprodukt. Was wir in uns ›finden‹, ist die Kontingenz und die Abhängigkeit des Denkens von ›Sein und Wollen‹ – die wir selbst als solche zu denken vermögen, wodurch sich die Momente der Trinität zur Selbstbeziehung des Lebendigen zusammenschließen. ›Denken, Wissen (Einsicht)‹ gehören in die Struktur von ›Sein und Wollen‹. Ohne ›Intentionalität‹ sind die Bewusstseinsakte nicht möglich. ›Bewusstsein‹ selbst ist Ausdruck von Intentionalität. 4) Denkend finden wir in uns die Relationalität von ›Sein, Wissen und Wollen‹ als Erscheinung des zum Grunde liegenden ›einen Lebens‹. Durch die Relationalität von ›Sein, Wissen und Wollen‹ erklärt sich die Möglichkeit der Selbstbeziehung von Lebendigem, die wirkliche Identität. Wir erfahren Beziehung-in-sich als Beziehung-auf-anderes. Die Relationalität von ›Sein, Wissen und Wollen‹ ist die ›Spur‹ jener Instanz, die wir als die Natur Gottes schöpferisch denken. Wir denken die Trinität als ›schöpferische‹ Entsprechung zur ›Spur der Trinität in uns‹, denken wir uns als einem schöpferischen Ursprung uns verdankend.

Denken der Trinität wird zum Bild der Trinität in uns. Es wird insofern zum Bild – so Augustins Erläuterung in *De civitate dei* 11.26 –, als wir ›sind und wissen, dass wir sind, und dies unser Sein und Wissen lieben‹. Diese wechselseitige Beziehung hat ihr Fundament in der unbezweifelbaren Evidenz faktischen Daseins.[16] Indem sich der Geist (die *mens*) als Bild erkennt, begreift er in sich, wovon er sich als Bild denkt. Die *mens* ist ›bloß‹ ein Bild im Hinblick auf jene Trinität, die sie als göttliche denkt, aber eben doch ihr Bild.[17] Worin besteht – was zeigt die Semantik eines Bildes? Es ist nicht das ›Abbild‹ eines daneben verfügbaren ›Urbildes‹, sondern die erscheinende Wirklichkeit eben dieses gedachten ›Urbildes‹. Für die Geiststruktur menschlichen Bewusstseins heißt das, dass es als Erscheinung eben jenes Grundes (göttliche Trinität) zu begreifen ist, in Bezug auf das es sich als Erscheinung (als ›Bild‹) denkt. Augustinus begreift diese Relation von der Endlichkeit dieses Bildes (das wir nach Gen. 1.26 sind) her: Er denkt sie sozusagen ›von unten nach oben‹.

Das Bild der Trinität, das wir in uns – d.h. im seiner selbst bewussten Vollzug lebendigen Daseins – finden (und lieben), ist das von ›Sein, Wissen und Liebe‹. Es ist in diesem Ternar die Liebe, die als Selbstverhältnis von Lebendigem in uns bezeugt, was wir als Trinität denken. Die Einsicht, dass »Gott die Liebe ist« (1 Joh. 4.16), ist der ›Ort‹, von dem die Trinitätsspekulation in *De trinitate* ausgeht. Wenn man die Liebe sieht, sieht man Gott, heißt es De trin. VIII.8.12. Der delphische Imperativ des »Nosce te ipsum« erfüllt sich, mutatis mutandis, im Motiv des ›Erkenne, was Liebe ist‹.[18] Erkenntnis der Liebe ist Erkenntnis Gottes. »Wer kann lieben, was er nicht kennt?«, fragt Augustin *De trin.* XIII.4.7 rhetorisch. Was finden wir in uns als ›Liebe‹, wenn wir diese nicht – etwa als bloße Emotion – dem Denken entgegengesetzt denken? In der Antwort auf diese Frage beginnt Augustin die trinitarischen Strukturen dessen freizulegen, was Bewusstsein im Grunde ist. Schon in der sinnlichen Liebe finde sich die trinitarische Struktur von »Liebendem, Geliebtem und der Liebe« selbst (der Liebe als *amor*: als Einheit bzw. als Streben nach Einheit des Verschiedenen). Wie findet sich Liebe – das, was man bewusstseinstheoretisch ›Intentionalität‹ nennt – im Geist, in der *mens*? Das ist der ›Ort‹, an dem nach der Trinität zu fragen ist (vgl. De trin. VIII.10.14).

Die erste Antwort auf die Frage nach einem sinnvollen Denken der Liebe ist die Einsicht, dass sich ›Geist, Kenntnis und Liebe‹ – »mens, notitia, amor« – wechselseitig bedingen (vgl. De trin. IX.4.4; 5.8). ›Geist‹ selbst ist in konkreter Lebendigkeit Intentionalität. In den Erkenntnisakten erfüllt sich die ›liebende Beziehung auf sich‹ in der ›Beziehung auf Anderes‹. Wird diese Beziehung begriffen, gelangt die erkenntnismotivierende Intentionalität der Liebe zur Ruhe. Worin gründet für die *mens* die Möglichkeit der (liebenden) Beziehung auf sich in der (erkennenden) Beziehung auf Anderes, die sie zum Bild der Trinität werden lässt? Wie lässt sich die Zusammengehörigkeit von *mens*, *notitia*, *amor* selbst begründen? Was ist der Grund des Bewusstseins, der in den Akten des Erkennens seine Wirklichkeit erfährt und die Zusammengehörigkeit dieser Akte ermöglicht? Die Beantwortung dieser Frage ist der Punkt, an dem Augustins Überlegungen zur Trinität zur Analyse der Tätigkeit des Bewusstseins werden. Es ist der Punkt, an dem nach Gott als nach dem Grund des Bewusstseins gefragt wird.

5.2 Trinitätslehre als Bewusstseinsanalyse: Von der Erinnerung als dem Grund des Denkens

Die trinitarische Selbstentfaltung des Geistes ist eine Analyse des Grundes unserer Bewusstseinsakte. Dieser Grund der Bewusstseinsakte – und damit Zentrum der Lehre der Trinität – ist die Erinnerung. Bereits in *Confessiones* X war es die Analyse der *memoria*, die die Frage beantwortete, was geliebt wird, wenn Gott geliebt wird (vgl. Kap. 4.2). Die Beziehung-auf-sich, die die Erinnerung in Beziehung-auf-anderes konstituiert, wird nun zum bewusstseinsphilosophischen Kerngedanken der Trinität. Bringen die *Confessiones* die Erinnerung als Kraft des Lebens im sterblich lebenden Menschen zur exemplarischen Darstellung, so rückt in *De trinitate* die *memoria* in die Mitte der begrifflichen Rekonstruktion dessen, was das menschliche Bewusstsein als göttliche Trinität in sich findet (und erinnert).

Augustins Argumentation hat dabei eine doppelte strategische Ausrichtung: Zum einen ist er auf der Suche nach Ternaren (Dreierstrukturen), die plausibel machen, dass die menschliche *mens* als *imago dei* zu begreifen ist. Wenn plausibel gemacht werden kann, dass sich diese Dreierstrukturen in dem Bild finden, das der menschliche Geist ist – wäre er nicht Bild, müsste er sich selbst hervorgebracht haben und gleichsam einen Standpunkt außerhalb seiner selbst einnehmen können –, dann ist die Rede von der göttlichen Trinität, als deren Bild sich der Geist denkt, begründet. Das ist der, wenn man so will, theologische Ertrag. Um dieses theologische Beweisziel zu erreichen, expliziert Augustin die Tätigkeit des Geistes als dynamische Bewusstseinsstruktur. Und genau hier liegt der bewusstseinsphilosophische Ertrag – und der ›Fortschritt‹ in der Geschichte des sich in seinen Akten begreifenden Bewusstseins –, der *De trinitate* (und zwar insbesondere den Büchern X, XIV und XV) seinen philosophischen Rang verleiht.

Erinnerung von Einsicht ist dasjenige, was Denken im Grunde ist. Das Finden trinitarischer Strukturen im Denken ist ein Finden der in der Erinnerung fundierten und als Erinnern sich vollziehenden Beziehung des Geistes auf sich selbst. Erkenntnis der Beziehung des Geistes auf sich selbst ist ein Erkennen des Geistes in seinen Akten. Was wir dadurch (in uns) finden, ist die ›Spur‹, durch die wir ›Geist‹ als Beziehung-auf-anderes und als ›Bild‹ jener Beziehung-auf-anderes denken, die wir schöpferisch als Gott vorstellen und die mit der Formel *deus=trinitas* bezeichnet wird. Denken der Trinität ist eine Selbstreflexion des Geistes, wenn wir Gott im Grunde der Erinnerung finden. Es bedeutet die Selbstentfaltung und Selbstexplikation des »Funkens der Vernunft, in dem zum Bild Gottes gemacht« wir uns denken – der »scintilla rationis, in qua factus est (homo) ad imaginem dei« (Civ. 22.24).

Augustin unterscheidet (De trin. X.11.18) zwischen der *memoria*, die, bezieht sie sich auf sich selbst (*ad se ipsam*), ›Leben und Geist und Substanz‹ genannt wird, und der *memoria*, die sich auf etwas bezieht (*ad aliquid*) und ›bezügliche‹ (*relative*) heißt. In ihrer Beziehung auf etwas – das Erinnerte – können wir die *memoria* als Gedächtnis betrachten. In ihrer Beziehung auf sich selbst erkennen wir die Erinnerung als die Kraft des Lebens, wir erkennen (und wollen) sie als unsere Kraft des Lebendigen. »Ich erinnere nämlich, dass ich Erinnerung und Einsicht und Wille habe, und ich sehe ein, dass ich einsehe und will und mich erinnere, und ich will, dass ich will und mich erinnere und einsehe, und mein ganzes Erinnern und die Einsicht und den Willen erinnere ich gleichzeitig«. (X.11.18) Erinnern ist Ausdruck des Willens zu erinnern. Er entsteht, wenn wir uns erinnern. Es ist ein ›innerer Vorgang‹, der sich in der Beziehung auf Gegenstände iterierend auf sich selbst bezieht (vgl. Kap. 4.2). Er ermöglicht die Struktur an Selbstbezüglichkeit in der Beziehung auf Anderes (Vergessenes, zu Erinnerndes), die die dreigliedrige Struktur des Geistes in seiner lebendigen Tätigkeit fundiert. Diese dreigliedrige Struktur mentaler Selbstbeziehung expliziert Augustin als die von »memoria, intellegentia, voluntas«. »Ebenso, was immer ich einsehe, von dem weiß ich, dass ich es einsehe, und ich weiß, dass ich will, was immer ich will; was immer ich aber weiß, das erinnere ich. Die ganze Einsicht folglich und meinen ganzen Willen erinnere ich«. (X.11.18) In den Akten des Denkens gehören Erinnern, Einsehen und der Wille (zum Erinnern, Einsehen und zum Wollen des Erinnerns und Einsehens) zusammen. Das Vermögen der Erinnerung ist als der Wille zum Erinnern wirklich. Es ist kein mentales Innen, sondern die Beziehung, in der die *mens* sich vorfindet. In der konkreten Tätigkeit des Geistes sind Sich-Erinnern, Einsehen und Wollen deshalb »ein Leben, ein Geist, ein Wesen«: *»una vita, una mens, una essentia«* (De trin. X.11.18). Das ermöglicht in Differenz zum Vorübergehen des Zeitlichen Selbstgegenwärtigkeit. Solche ›Identität‹ besagt aber nicht, dass der Geist oder das Bewusstsein dauernd in der Selbstgegenwärtigkeit der augenblickshaften Akte bemerkten Erinnerns verharren würde oder auch nur könnte. Erinnern entrückt nicht in die zeitlose Sphäre eines transtemporalen Geistes. Die Identität des Bewusstseins, die Erinnern stiftet – jene Identität, die den Geist als *imago dei* auszeichnet –, ergibt sich aus der Perspektive der Endlichkeit oder Kreatürlichkeit des menschlichen Geistes. Er ist erinnerungsbedürftig. Dies bemerken wir am Vergessen. Gerade weil wir nicht in der Selbstgegenwärtigkeit der Augenblicke des Erinnerns zu verharren vermögen, bedürfen wir des Vermögens der Erinnerung. In der Erinnerung kommt das Vergehen der Zeit nicht zum Stillstand. Das Vergehen der Zeit hält in ihr vielmehr an.

Die Augenblicke der Sehkraft des Geistes sind transitorisch. Sie gehen in der Zeit vorüber. Im Gelangen zu dem, was im Vergehen der Zeit »ohne zeitlichen Vorübergang steht«, lässt sich nicht bleiben. Die Sehkraft des Geistes wird von diesen Augenblicken zurückgeworfen (›reflektiert‹). Das Denken einer nicht-transitorischen Sache ist selbst transitorisch. Es bedarf der Erinnerung. Das Nicht-Transitorische ›ist‹ in der Erinnerung – als der Wunsch und Wille ›wiederholender‹ Wiedererinnerung. Wir können durch das Denken das Vergehen des Zeitlichen – auch des Denkens selbst in seiner Zeitlichkeit – nicht tilgen. Denken geschieht in der Zeit und ist deshalb gezwungenermaßen »cogitatio transiens« (De trin. XII.14.23). ›Wiedererinnern‹, d.h. zeithaft Zerstreutes in der Erinnerung zusammenzubringen ist die Grundstruktur der *cogitatio transiens*. Denken wird als Erinnern und Sich-Entsinnen zur Wiedererinnerung dann, wenn der ursprüngliche Erinnerungsvorgang in »angemessenen Zeiträumen« wiederholt wird.[19] In der Erinnerung taucht der *Wille* zu erneuter *Einsicht* auf. Wiedererinnern ist Intentionserfüllung, wird eine Einsicht (Erinnertes), nachdem sie ›vergessen‹, d.h. nicht-aktual erinnert war, in ihrer ›jetzt dann vergangenen‹ Ursprünglichkeit wiederholt. Denken ist Selbstbeziehung in der Beziehung auf anderes aufgrund des Erinnerungsvermögens, das in der Verschiedenheit des Gedachten und desjenigen, dessen gedacht wird, sich durchhält. Die Verschiedenheit des Gedachten ist durch das Erinnern das zeitbedingt-transitorische Moment der Akte des Denkens selbst. Im Erinnern wird das Erinnerte nicht gleichsam aus der Zeit heraus konserviert. Es – wie das Erinnern selber – wird als in der Zeit sich vollziehendes erinnert. Erinnern wir uns dabei nicht nur des Gedachten, Erinnerten, sondern auch des Erinnerns selbst, so kommt es zur Einsicht in die Vielfältigkeit der Gegenwärtigkeiten, die durch die Erinnerung gleichzeitig im Denken sind. Augustin erläutert das daran, wie Rhythmus und Melodie erfasst werden. Die »numerositas soni« erklingt nicht vor oder nach dem Erklingen der in der Zeit erklingenden und in der Zeit vorübergehenden Töne. Die »numerositas soni« wird im Vergehen der erklingenden Töne erfasst. Sie wird im Vergehen der Töne in der Zeit mit diesen gleichzeitig, d.h. als »ohne Zeit in einem gewissen verborgenen und hohen Stillschweigen stehend erfasst«[20]. Der Rhythmus einer Melodie wie ihre Schönheit werden erinnernd, in der Erinnerung ›vorausblickend-zurückblickend‹ erfasst. Das Hören von ›Rhythmus und Melodie‹ bedingt keine Entzeitlichung des Denkens. Es setzt vielmehr die Bereitschaft zur Verzeitlichung, d.h. die Annahme der Endlichkeit auch des Geistes voraus.

Erinnern vollzieht sich in vielen, wenn man so will, ›kleinen‹ Erinnerungsvorgängen, die jeweils nicht eigens bewusst (als solche thematisch) werden. Sie sind als ›geheimes Wissen‹ (*arcana notitia*) in der Erinnerung, die dadurch zum »Verborgenen des Geistes« wird: zum »abditum mentis« – zum ›Abgrund‹ der »abstrusior profunditas memoriae«[21]. Der Terminus *abditum mentis* und die Rede von der *abstrusior profunditas memoriae* sind keine Formeln für etwas, das die Kraft des Denkens überstiege oder zu dem über die Grenzen des Denkens hinaus aufzusteigen wäre. ›Abgrund des Geistes‹ ist vielmehr der terminus technicus dafür, dass ›mehr‹ in unserem Bewusstsein ist, als wir uns aktual bewusst sind. Deshalb ist das Denken als ›Erinnern seiner selbst‹ (als »memoria sui«: De trin. XIV.6.8) aufzufassen – als der Wille und der Wunsch, dasjenige, was im Grund des Bewusstseins (gewissermaßen ›immer schon‹) ist, zur Einsicht zu aktualisieren. Weil in der Erinnerung die Art und Weise des Denkens fundiert ist (»in memoria est cogitandi modus«: De trin. XI.8.14), ist die *mens imago dei.*[22]

Das, was eingesehen wird, und der Wille, einzusehen und zu erinnern und dieses Einsehen und Erinnern zu wollen, sind als

›innere Erinnerung des Geistes‹ mit allem, was wir denken, gleichzeitig. Erinnern ist kein einmaliger, sondern ein kontinuierlicher Akt. Als Grund aller Denkakte erzeugt die Erinnerung gerade keine mentale ›Blackbox‹. Sie bedeutet vielmehr die Beziehung, in der der Geist sich vorfindet. Deshalb sagt Augustin, dass bei der Einsicht in die Erinnerung als Grund des Bewusstseins die Zusammengehörigkeit von Erinnerung, Einsicht und Wille nur »scheinbar« in die Erinnerung fällt (»videbitur ad solam memoriam pertinere«: De trin. XIV.7.10). Erinnern bedeutet ein Sich-Entsinnen. Es bedeutet eine Einheit von Sinnlichem und Unsinnlichem. Der Weg des Sich-Entsinnens führt vom Sinnlichen zum Unsinnlichen und von diesem Geistigen ›zurück‹ zum Sinnlichen. Das ›Sich-Entsinnen‹ wird sinnvoll, wenn wir es in Formen der Äußerung übersetzen. Dann entsinnen wir uns in der ›sinnlich-unsinnlichen‹ Gegebenheit der Äußerung, was der Grund war dafür, das ursprünglich Erinnerte übersetzen zu wollen. Zur triadischen Wechselbeziehung von ›Erinnerung, Einsicht und Wille‹ gehört die Einsicht, dass sich das Erinnern übersetzen muss. Der Grund des Erinnerns bezeugt sich im Willen, dem Erinnerten in einer Form von Äußerung seine Entsprechung zu geben. Erst in einer solchen Form der Äußerung erfahren wir die Erinnerung als ›Selbstbeziehung‹ – und dass Selbstbeziehung nicht die Tautologie bloßer Innerlichkeit bedeutet. Die Wirklichkeit des Erinnerns sind die äußeren – schöpfungstheoretisch: die kreatürlichen, bewusstseinstheoretisch: die sinnlichen – Formen, in denen es verkörpert erscheint.

Der Grund des Bewusstseins ist das Vermögen der Erinnerung des Gegenwärtigen (vgl. De trin. XIV.11.14). Dass Vergangenes wiedererinnert werden kann, zeigt, dass es erinnert (worden) ist. Es ist erinnert worden, als es gegenwärtig war. Dies verdeutlicht der Akt des Erinnerns ex negativo. Das Erinnern enthält (mindestens) zwei Gegenwärtigkeiten in sich: die des Vergangenen in seiner vergangenen Gegenwärtigkeit (wird es erinnert) und die des Erinnerns ›jetzt‹ (als dem gegenwärtigen Erinnern). Erinnern ist nur erklärbar dadurch, dass das Gegenwärtige immer schon (mit welchen Graden oder Intensitäten an Deutlichkeit auch immer) erinnert ist. Das Vermögen der Erinnerung ist sozusagen nichts anderes als das Vermögen der Erinnerung von Gegenwärtigkeit. »Deshalb wird, ebenso wie bei vergangenen Dingen dasjenige Erinnerung genannt wird, durch das sich vollzieht, dass die vergangenen Dinge wiederholt und wiedererinnert zu werden vermögen, auch bei einer gegenwärtigen Sache, wie der Geist es sich ist, ohne Absurdität Erinnerung jenes Vermögen genannt, durch das er sich gegenwärtig ist (sic in re prasenti quod sibi est mens memoria sine absurditate dicenda est qua sibi praesto est), so dass er in seinem Denken gesehen werden kann und beide (er und sein Denken) in der Liebe zu sich verbunden werden.« (De trin. XIV.11.14) Nicht als ›Requisitenkammer‹ sich auf sich selbst beziehender Innerlichkeit ist die *memoria* jener Grund im Bewusstsein, der die *mens* zur *imago dei* werden lässt. Sie ist das als *Vermögen der Erinnerung des Gegenwärtigen.* Das Vermögen der Erinnerung des Gegenwärtigen schließt für das ›Subjekt‹ des Erinnerns die Erinnerung kreatürlicher Gegenwärtigkeit, d.h. seiner faktischen, endlichen Existenz ein. Es bildet sich, indem es erinnernd auf sich selbst – in seiner Endlichkeit – zurückkommt. Dadurch, dass die *mens humana* sich in dieser ihrer Endlichkeit begreift, transzendiert sie eben diese kreatürliche Endlichkeit: Sie findet, wovon sie sich als Bild denkt, in sich.

Das Denken der Erinnerung ist die Entsprechung des schöpferischen Prinzips, das als Trinität gedacht wird. Mit der *memoria* findet sich in uns ein Vermögen, das sich selbst in sich selbst transzendiert und sich selbst begrenzt. Sie entspricht auf ›endliche‹, unschöpferische Weise demjenigen, was wir als ›unendlichen‹ Grund des in der Zeit Erscheinenden denken. ›Unendlich‹ (»infinitum«) ist dasjenige, was »sich selbst in sich selbst Grenze« ist (»in se sibi finis«: Conf. XIII.11.12). Die Selbsttranszendenz eines unendlichen Grundes ist die trinitarisch zu denkende Natur der Gottheit (*natura deitatis*: De trin. XV.23.43). Indem wir in den Grund des Gott denkenden Bewusstseins gehen, finden wir in uns selbst, weshalb wir unseren Geist als Bild der göttlichen Trinität denken. »Was ist Gott zu wissen anderes, als ihn im Geist zu erblicken und dauerhaft zu begreifen«: »Et quid est deum scire nisi eum mente conspicere firmeque percipere.« (De trin. VIII.4.6) Der Einsicht findende Glaube ist in diesem Sinne die Aufgabe des Denkens der Trinität.

Worum es dabei geht, ist die ›einheitliche Natur des Geistes‹. »Wenn wir daher in ihr nach der Trinität fragen, so fragen wir nach ihr in der Natur des Geistes als ganzer und trennen die Verstandesbeschäftigung mit dem Zeitlichen nicht von der Betrachtung des Ewigen, um dann nach einem Dritten zu fragen, in dem sich die Trinität erfüllt. Sondern in der ganzen Natur des Geistes muss sich die Trinität so zeigen, dass in dem einen und ungeteilten Geist die Trinität gefunden wird.«[23] Ein Denken, das die göttliche Trinität mit der Natur unseres Geistes nur in einem Dritten vermittelt sein lässt, ist ebenso unschöpferisch wie eine Betrachtungsweise, die Ewigkeit und Zeit voneinander trennt (vgl. Kap. 4.3). Die göttliche Trinität ist die in Beziehung auf unser Denken schöpferisch gedachte Natur unseres Geistes. ›Zwischen‹ dieser Trinität und unserem Geist, den wir als Bild der Trinität denken, ist ›keine Natur dazwischen‹ (De trin. XI.5.8). ›Zwischen‹ der Trinität, die wir als Gott denken oder derer wir als göttlicher gedenken, ist nur die Selbsterkenntnis des Geistes, der in seinen Grund geht. Denken der Trinität realisiert eine Beziehung, in der die Vorstellung einer Entgegensetzung zwischen göttlicher und menschlicher Natur zugrundegeht.

5.3 Intentionalität – Relationalität – Sprachlichkeit des Geistes

Die Strategie, Spuren der Trinität in der Tätigkeit des Geistes zu finden, führt in *De trinitate* zu einigen bedeutsamen bewusstseinsphilosophischen Entdeckungen. Sie haben mit der ›Intentionalität, Relationalität und Sprachlichkeit des Geistes‹ zu tun und sind die Erfahrungsdaten, an denen sich zeigt, inwiefern der Geist Bild Gottes, d.h. die endliche Wirklichkeit einer nicht-endlichen ›Sache‹ ist.

Intentionalität. Dem Denken eignet aufgrund der Erinnerung Intentionalität. Diese Intentionalität trifft sowohl für die gewissermaßen ›interne‹ Beziehung der Momente des Denkens wie für dies Denken als sich selbst reflektierende Beziehung-auf-anderes zu. Die ›innere‹ Intentionalität der Denkakte erläutert Augustin damit, dass ›Erkennen‹ nicht das Ende, sondern Anfang des Wunsches zu verstehen, ist. Es setzt – wie die Liebe (vgl. De trin. X.2.3) – das Erkennen- und Verstehenwollen eines Erinnerten selbst erst in Gang. Die Struktur ›wissenden Nichtwissens‹ und des auf einem Finden beruhenden, von einem Finden ausgehenden Suchens gilt insbesondere für den Willen zur Selbsterkenntnis des Geistes. Gerade hier zeigt sich eine paradoxe Zusammengehörigkeit von ›Suchen aus Kenntnis‹, da der Wille zur Erkenntnis auf schon vorhandenem ›Wissen‹ basiert. (De trin. X.3.5)[24] ›Wissen‹ ist weder eine Habe (angehäufter Erkenntnisse) noch Übermittlung von Informationen, die ›von draußen nach drinnen‹ drängen. Die Akte des Denkens sind vielmehr Erfüllung von Intentionen. Der Wille zur Selbsterkenntnis ergibt sich aus einem erinnerten Wissen. In der Wendung zur Erkenntnis seiner selbst kommt es bei der Natur des Geistes darauf an, dass die »Aufmerksamkeit des Willens auf den Geist selbst gerichtet wird«, damit wir ihn selbst durch sich selbst denken: »intentionem voluntatis statuat in se ipsa et se cogitet.« (De trin. X.8.11) Intentionalität ist der Wille, den Grund der Erkenntnis in seiner Erscheinung zu erkennen. Einsicht ist keine statische Gegebenheit, sondern Produkt eines dynamischen Prozesses. Dieser dynamische Prozess von *memoria*, *intellegentia* und *voluntas* lässt die konkrete Wirklichkeit unserer Denkakte zu einer Struktur lebendiger Beziehung werden, die wir als ›Spur‹ der schöpferischen Trinität denken.

Der konkreten Wirklichkeit unseres Denkens eignet aber nicht allein diese interne Intentionalität der ›Beziehung-auf-sich‹. Die Zusammengehörigkeit von Erinnerung, Einsicht und Wille zeigt sich auch in einer Intentionalität in der Beziehung des Geistes auf anderes, in einer Intentionalität, ohne die die sinnliche Wahrnehmung eines Äußeren nicht gedacht werden kann. Bereits die Wahrnehmung von Sinnlichem – Augustin zeigt das in Buch XI von *De trinitate* – ist ohne Aufmerksamkeit nicht möglich. Die Wahrnehmung von Sinnlichem – durch die Leibessinne – ist zwar rezeptiv. Aber sie ist kein Ab-, sondern ein Einbildungsvorgang, der die ›aktive Rezeptivität‹, erinnern zu wollen, einschließt. Diese Intentionalität ist nichts Sekundäres im Unterschied zu einem ›primären‹ Sinnesdatum. Wahrnehmung ist vielmehr etwas, das sich unter Einschluss solcher Intentionalität bildet – sie erweist sich als innere Formbildung: *informatio*. Erst in solcher innerer Formbildung geschieht Wahrnehmen – nicht durch ›Dinge‹, die nur abgebildet werden müssten. In der Wahrnehmung von Sinnlichem gehören Rezeptivität und Aktivität (Spontaneität) zusammen. Nicht durch ›Dinge draußen‹ wird die ›Sehkraft des Geistes‹ in abbildrealistischer Weise geformt. Geformt wird die *acies animi* durch den Willen zu erinnern. Nur dann nehmen wir wahr (sehen wir wirklich), wenn wir uns wahrnehmen lassen. Wahrnehmen ist intentionales Erinnern: ein ›Sich-aufmachen-zu-erinnern‹. Ihm eignet eine dreigliedrige Struktur, die Augustin stellvertretend für die übrigen Sinne am Sehen erläutert. Der Sinn für das Sehen sei der *visio mentis* ›am nächsten‹. Sehen vollzieht sich erst, wenn sich der Blick (*visus*) der Sache zuwendet. Wird etwas gesehen, so ›antwortet‹ es einer Aufmerksamkeit. Sehen ist ein Vorgang wechselnder Perspektiven. Der ›sichtbare‹ Gegenstand ›erzeugt‹ den ›geformten Sinn‹ aufgrund einer Intentionalität, die aufmerksam hat werden lassen. Der ›geformte Sinn‹ ist der Sinn des Sehens. Das Sehen wird vom Sichtbaren und vom Sehenden gezeugt. Zuerst ist die *res ipsa*, dann das *sentire* durch den Sinn der Augen. Ein Sehen (*visio*) entsteht aber nur, wenn die *intentio animi* die Sache mit ihrer Wahrnehmung verbindet. Die Sichtbarkeit einer Sache (einer *res visibilis*) wird zu einer *visio* erst durch die Aufmerksamkeit und das Streben (*intentio*) des Sehenden (*videns*). Erinnert wird durch den Sinn für das Sehen das Sehen als Prozess selbst. Nicht sind intramentale Abbilder extramentaler Sachen im Geist wie in einer black box. Die *visio rei* ist eine Antwort, die dem Willen und der Aufgeschlossenheit (zu sehen oder zu hören usw.) respondiert.

Was für jeden Akt der Wahrnehmung von Sinnlichem gilt, gilt auch für jene Wahrnehmung, in der es als Erscheinung eines schöpferischen Prinzips erinnert (erblickt und erhört) werden will. Die Gestalt der Dinge bekennt Augustin als die (erwähnte, vgl. Kap. 4.2.) ›Antwort‹ auf seine Frage: »Was aber liebe ich, wenn ich dich liebe, Gott?«. »Interrogatio mea intentio mea et responsio eorum species eorum.« (Conf. X.6.9) Die Gestalt der Dinge ist ihr Anspruch, durch den wir uns ihrer schöpferischen Ursprünglichkeit entsinnen. Diese Gestalt des sinnlich Erscheinenden, dem sich der Wahrnehmungswille zuwendet, ist ihr

›Augenschein‹: »Et vox dicentium est ipsa evidentia.« (Conf. XI.4.6) Erst dann sehen (oder hören oder schmecken usw.) wir wirklich, wenn wir uns von dem stillschweigenden Anspruch der Evidenz des Wahrzunehmenden berühren lassen. Der Sinn für das Sinnliche ist gleichsam ein Akt intentionaler Rezeptivität. Er erfüllt sich in der Aufmerksamkeit auf die Dinge in ihrer schöpferischen Ursprünglichkeit. Diese schöpferische Ursprünglichkeit ist kein Produkt des Denkens, sondern als die »wunderbare Schönheit der Welt selbst draußen allen Sinnen gegenwärtig«: »Mundi denique ipsius mirabilis pulchritudo forinsecus praesto est.« (De trin. XIII.1.4) Gerade hier erfährt sich das wahrnehmende Bewusstsein in einer Beziehung. Wird der Geist sich dieser Beziehung bewusst, wird die *visio rei visio dei.*

Relationalität. Bei der Trinität ist nicht von einem ›dreifachen Gott‹, sondern vom Denken einer sich selbst unterscheidenden und in sich unterschiedenen Einheit (vgl. De trin. XV.3.5) die Rede. Die Semantik der Trinität ist Beziehungshaftigkeit, die ihr gemäße Kategorie die der Relation. Das gilt sowohl für die ›innertrinitarischen‹ Beziehungen – von Vater, Sohn und Geist – wie für die Beziehung der Trinität, mit der Gott als *creator* gedacht wird, zur *creatura* als dem Prozess endlich erscheinender Natur. Was als innere Relationalität der göttlichen Trinität gedacht wird, ist der Grund ihrer schöpferischen Beziehung-auf-anderes. Die *trinitas creatrix* ist *natura creatrix.* Ihre ›innere‹ Relationalität soll rekonstruktiv erklären, dass ihre Erscheinungsweise ›Beziehung nach außen‹ (›äußere‹ Relationalität) ist. Was Trinität heißt, enthält damit den Gedanken von Beziehung in mehrfacher Hinsicht. Der Gedanke der Schöpfung ist ein Beziehungsgedanke – und das Denken der Trinität der Versuch seiner (Selbst-)Explikation: »creatura quippe animus, creator autem deus« (De trin. IX.11.16). Trinität selbst bedeutet, Gott als Beziehung und ›in-Beziehung-auf‹ zu denken – nicht als einen schöpferischen Grund vor oder getrennt von dem kreatürlich Erscheinenden, sondern als inneres Prinzip dieses dynamischen Prozessganzen des Erscheinens von Natur bzw. Kreatur selbst. Von einem ›Schöpfer‹ zu sprechen ist sinnvoll allein in Beziehung auf eine ›Schöpfung‹: »Creator relative dicitur ad creaturam.« (De trin. V.13.14) Wenn die in der Zeit erscheinende Natur als Erscheinungsweise eines schöpferischen Grundes, d.h. als *creatura* gedacht wird, dann ist das Denken der Trinität der Versuch, die Beziehung des Grundes zu seiner Erscheinung als Beziehung des Grundes ›auf-sich-selbst in sich selbst‹ zu erklären. Beziehung ist keine Eigenschaft, kein bloß ›äußerliches Verhältnis‹, die diesem Grund noch hinzukäme. Ihm ist es wesentlich zu erscheinen. Der trinitarische Gott, gedacht als Grund von Schöpfung, ›hat‹ keine Eigenschaften, er ›ist‹ seine Eigenschaften. Die dem gemäße Kategorie ist die der Relation. Die traditionelle Kategorienlehre kennt Beziehung nur als äußerliche Beziehung einander gleichgültiger Sachen (als *ad aliquid*, *pros ti*) und denkt ein zugrunde liegend Substantielles getrennt von den Eigenschaften seiner Erscheinung, die diesem bloß zufällig sind. Damit lässt sich das Denken von Beziehung nicht fassen. Deshalb fordert der Gedanke der Trinität eine Kritik an einer Denkweise, die eine Substanz von ihren Eigenschaften, die das Subjekt (eines Satzes) von dem von ihm Prädizierten trennt. Zur Kategorienschrift von Aristoteles bemerkt Augustin (ob das Aristoteles gerecht wird, kann hier nicht diskutiert werden), dass ihm die Lektüre »eher geschadet habe«, da er dem Modell folgend, dem gemäß eine Substanz von ihr zufälligen Eigenschaften zu trennen und ein Subjekt dem von ihm Prädizierten gegenüberzustellen sei, Gott wie eine Substanz und wie einen Träger von Eigenschaften zu denken versucht habe (vgl. Conf. IV.16.29). Eine solche Vorstellung, die Gott wie einen (körperlichen oder personalen) Gegenstand denkt, sei falsch. Was als Trinität gedacht wird, ist der Grund seiner Eigenschaften – es ist das ›Ist‹ des schöpferisch Ursprünglichen, das sich im Erscheinen des Kreatürlichen selbst zeigt (vgl. Conf. XIII.31.46; 38.53). ›Beziehung‹ ist keine ›zufällige Eigenschaft‹, sondern das ›unveränderliche Sein‹ dieses Grundes: »relativum non est accidens quia non est mutabile.« (De trin. V.5.6)

Augustin hat die Kategorienlehre, in der eine Substanz von ihren akzidentellen Eigenschaften, d.h. ihrer konkreten Erscheinung getrennt wird, nicht im Hinblick ihrer Anwendung auf körperliche Dinge kritisiert. Das mag an seinem Desinteresse an terminologischer Distinktion liegen – ein Desinteresse, welches evident wird, wenn er in *De trinitate* einmal von »natura, substantia, essentia« spricht und hinzufügt: »oder wie man es immer nennen mag« (vgl. De trin. II.18.35). Er hat die Gültigkeit der Trennung einer Substanz von ihrer konkreten Erscheinung aber im Hinblick auf den *intellectus* und die Erkenntnismöglichkeit Gottes verneint. Gott als Substanz denken zu wollen, die getrennt von ihren Eigenschaften existiere, ist eine »missbräuchliche« Rede: »manifestum est deum abusive substantiam vocari.« (De trin. VII.5.10) Soll mit der Trinität die schöpferische Natur Gottes gedacht werden (können), so versagt hier das Schema von Substanz und Akzidens, vom Subjekt als Träger ihm akzidenteller Eigenschaften. In Gott ist keine zufällig hinzukommende Eigenschaft. Was wir als Trinität denken, ›hat‹ keine Eigenschaften – es ›ist‹ seine Eigenschaften: diese ›Eigenschaften‹ sind die konkrete Wirklichkeit seiner Erscheinung.[25] Wollte man auf das trinitarisch Gedachte die Schemata ›Substanz/Subjekt-Akzidens/Prädikat‹ anwenden, so müsste man sagen: Die Trinität ist ihre Prädikate, ihre substantielle Wirklichkeit erfüllt sich in dem von ihr Prädizierten. Sie ist das ›Ist‹ desjenigen, was wir als ihre Eigenschaften denken – führen wir die erscheinende *creatura* prinzipienlogisch auf ein *principium creatrix* zurück. Trinität ist das ›unveränderliche Sein‹, gedacht als prozessuale Beziehung in sich – als ›Werden‹. Soll dies logisch gefasst werden, so impliziert das eine Aufwertung der Kategorie Relation. Sie ist die der Trinität entsprechende Kategorie. Unter ›Beziehung‹ ist mehr zu verstehen als ein bloß äußerliches Zugleichsein von etwas, was sich gleichgültig bleibt, wie es das *ad aliquid* (*pros ti*) der traditionellen Kategorienlehre anzeigt. Relation ist nicht die äußerliche Beziehung voneinander trennbarer Relata. Das Relatum Schöpfer ist nur wirklich in Beziehung zum Relatum Schöpfung. Diese ist die konkrete Erscheinung der Vermittlung von schöpferischem Sein und kreatürlichem Werden.

Was wir als schöpferischen Ursprung denken, ist kreativ nur, sofern *creatura* ist. *Creator* ist ein Ausdruck, der einen Sinn nur hat in Beziehung auf *creatura* – analog der Beziehung von ›Vater und Sohn‹: »Dicitur ergo relative pater idemque relative dicitur principium et si quid forte aliud.« (De trin. V.13.14) Das Denken der Trinität ist gerade auch in kreationslogischer Hinsicht Relationsdenken. Dabei besteht der Witz desjenigen, was als schöpferische Beziehung gedacht wird, darin, dass nicht nur das, was wir als ›geschaffen‹ begreifen, nicht ist ohne dasjenige, was wir als seinen Grund denken, sondern ebenso dieser schöpferisch gedachte Grund nicht ist ohne seine Erscheinung: das aber ist das kreatürlich Erscheinende, die sich denkende Schöpfung selbst. Der kreatürliche Geist wird in seiner Endlichkeit zur Konkretion dessen, wovon er sich als Bild denkt.

Sprachlichkeit. Die Überlegungen zur Sprachlichkeit (und Sprachgebundenheit) des Geistes erfolgen im Zusammenhang von Augustins Überlegungen zum »inneren Wort« (»verbum intimum«) in Buch XV von *De trinitate.* Allerdings laufen hier zwei Auffassungen des »inneren Wortes« gleichsam parallel. Die eine denkt seine Semantik als *mentales Datum vor der Sprache.* Die andere – diametral entgegengesetzte – denkt das ›innere

Wort‹ als *mentale Leistung in der Sprache.* Nur in äußeren Formen – nicht subjektzentriert mental, sondern transsubjektiv in Zeichen (z.B. der Sprache) – zeigt sich die Wirklichkeit des Geistes.[26] Diese Wirklichkeit realisiert sich nicht nur in der Geschichte einer Verstehensgemeinschaft, sondern bedarf ihrer.[27]

Die Interpretation des ›inneren Wortes‹ als Augustins Reflexion der Sprachlichkeit bzw. Sprachförmigkeit des sich selbst denkenden Geistes steht im Widerspruch zu seiner Doktrin vom inneren Wort als einem mentalen Datum vor der Sprache.[28] Mit dieser Doktrin unterscheidet er zwischen einer ›inneren‹ und vorsprachlichen und einer ›äußeren‹ (sozusagen nur noch verlautenden) Sprache. So verstanden führt die Rede vom ›inneren Wort‹ aus der Wirklichkeit der Sprache hinaus. Vor allem Sprechen werde zuerst ›im Herzen‹ gesprochen. Geformt werde das Denken von den ›res‹, die sich vor und unabhängig von aller Sprache ›wissen‹ ließen. Die Zeichen der Sprache seien bloße Zeichen inwendig gebildeter ›Worte des Herzens‹ und Zeichen extramentaler ›Sachen‹, die sich dem Denken sprachfrei einprägten.[29] Die ›Sachen‹ seien als sprachlose ›Bedeutung‹ der Zeichen im Gedächtnis (als dem *thesaurus* des Geistes) gleichsam wie Informationen abrufbar enthalten. Vor allem Sprechen sei das ›innere Wort‹ die extramentale und nonlinguale Bedeutung, die dann nur noch – ist es denn nötig – sprachlich verlautet. Angenommen wird, dass das Verstehen von Zeichen sozusagen problemlos und eindeutig funktioniert, da die extramentalen Dinge die intramental gegebene ›Bedeutung der Zeichen‹ seien.[30] Diese Auffassung vom ›inneren Wort‹ als der sprachlosen Sphäre einer ›Sprache vor der Sprache‹ ist eine unschöpferische Betrachtungsweise von Sprache. Darüber hinaus wird sich mit ihr nicht erfüllen lassen, was Buch XV von *De trinitate* beweisen soll. In ihm versucht Augustin, in uns eine Entsprechung des Wortes Gottes, das wir in den Dingen erscheinender Natur schöpferisch denken, zu finden.

Wie lässt sich ›Sprache‹ als Entsprechung des ›offenbaren Logos‹ denken? Anders gefragt: Wie zeigt sich in uns, was der Prolog des Johannes-Evangeliums formuliert, den Augustin *De trin.* XV.11.20 der Analogie des inneren Wortes wegen zitiert? Diese Frage lässt sich nur beantworten, wenn man das ›innere Wort‹ als Reflexion der Sprachlichkeit des Geistes, d.h. nicht als eine mentale Leistung vor, sondern als eine mentale Leistung in der Sprache begreift. Diese Deutung des ›inneren Wortes‹ hat es mit dem Prinzip des Verstehens in der Sprache zu tun, von dem Augustin sagt, dass es »wahrzunehmen leicht, zu erklären aber unmöglich ist«: »sentire facile est explicare impossibile est.«[31]

Sprache ist Übersetzung von Erinnerungsarbeit, kein Austausch von Gedächtnisinhalten. Die Bedeutung eines Wortes ist das, was im Ertönen und in der Verkörperung der Sprachlaute gehört und verstanden wird. Sprache ist Sinn-Übertragung. Das Verstehen eines Wortes wie eines Satzes ist das Verstehen dessen, was er ›anzeigt‹. Die Zeichen der Sprache sind deshalb (auf sich) zeigende Zeichen. Dieses Anzeigen geschieht in den verlautenden Wörtern selbst. Sie zeigen an, dass sie etwas anzeigen (vgl. De trin. X.1.2). Mit dem ›inneren Wort‹ wird dieses Anzeigen, das in den verlautenden Wörtern gegeben bzw. verkörpert ist, reflektiert: »Wie nämlich das Wort etwas anzeigt, so zeigt es auch sich selbst an. Das Wort zeigt aber nur dadurch sich selbst an, dass es anzeigt, dass es etwas anzeigt«: »Sicut enim verbum indicat aliquid, indicat etiam se ipsum, sed non se verbum indicat nisi si aliquid indicare indicet.« (De trin. VIII.8.12) Das Verstehen eines Wortes in der Sprache setzt die Bereitschaft zu diesem Verstehen der auf sich als Zeichen zeigenden Wörter voraus. Das Verstehen eines Wortes bzw. der verlautbarten Wörter bedarf der Bereitschaft zum Verstehen desjenigen, was in den Wörtern verstanden sein will. Die Bereitschaft zu verstehen entspricht auf der Seite des ›Hörers‹ dem Wunsch auf der Seite des

Sprechers, verstanden zu werden. In der Sprache sind wir immer Sprecher und Hörer zugleich. »Ein Wort ist folglich die mit Liebe verbundene Kenntnis«: »Verbum est igitur cum amore notitia.« (De trin. IX.10.15) Diese erfüllt sich nicht vor, sondern in der Sprache – im Gespräch. Das Gespräch ist die Wirklichkeit des Geistes, im Hören und Erwidern sprachlicher Laute »leuchtet« in der Sprache »der Schmuck einer Verstehensgemeinschaft auf«: »elucet decus consociandorum animorum in vocibus notis audiendis atque reddendis.« (De trin. X.1.2) Die Sprachlichkeit des Geistes ist in der Geschichte ›gemeinschaftlich verbundener Geister‹ präsent. Sprache repräsentiert die Geschichte ›innerer Wörter‹. Jeder Satz verwirklicht sie.

Mit dem ›inneren Wort‹ reflektiert Augustin dieses Prinzip von Sprache. Es ist eine Bezeichnung für das Sich-auf-sich-selbst-Beziehen des Denkens, das sich lautlos in der Sprache erfüllt. Es ist eines der Ergebnisse der trinitarischen Selbstreflexion des Geistes, dass der Grund im Bewusstsein Beziehung bedeutet. Zum Bild Gottes wird er durch die Einsicht, dass Erinnern nicht in mentaler Selbstbezüglichkeit besteht, sondern sich im Willen bezeugt, der Wirklichkeit des Erinnerns in Formen der Äußerung zu entsprechen (vgl. Kap. 5.2). Dies ist möglich nur in äußeren – schöpfungstheoretisch: kreatürlichen, bewusstseinstheoretisch: sinnlichen – Zeichen, in denen es verkörpert erscheint. Das ›innere Wort‹ ist die Reflexion dieses Entsprechungsverhältnisses, welches das Wort, das draußen erklingt, zum (materiellen) Zeichen des Wortes werden lässt, das in dieser Verkörperung »drinnen leuchtet« (vgl. De trin. XV.11.20).

Die trinitarische Struktur von ›Erinnerung, Einsicht und Wille‹, mit der Augustin erklärt, dass unser Denken in seinen Akten Intentionalität ist, gilt auch und gerade für die Sinnübertragung wirklichen Erinnerns: »Wenn wir uns auf die innere Erinnerung des Geistes beziehen, durch die er sich selbst erinnert, so scheint es, dass das Bild jener Trinität allein zur Erinnerung gehört. Aber weil in ihr ein Wort ohne Denken nicht sein kann (wir denken nämlich alles, was wir sagen, auch mit jenem inneren Wort, das zu keiner Sprache eines Volkes gehört), wird in jenen dreien vielmehr dieses Bild erkannt, in der Erinnerung nämlich, der Einsicht, dem Willen.«[32] Die Sprachlichkeit des Geistes ist sich übersetzt habende Erinnerungsarbeit. Übersetzung der Erinnerungsarbeit ist Sinnübertragung. Diese Sinnübertragung geschieht stillschweigend in der Sprache. Das Verstehen eines Satzes der Sprache ist das Verstehen der Sinnübertragung sich in Sprache fassender, sich in Sprache erhaltender Erinnerungsarbeit. Das gilt für die Laute der Sprache wie für die Töne der Musik. Das Verstehen eines Satzes der Sprache gleicht dem Verstehen einer Melodie (vgl. De trin. XII.14.23). Am Verstehen einer Melodie lässt sich lernen, was mit dem ›inneren Wort‹ reflektiert wird. Es unterscheidet sich von jedem sinnlichen Laut. Es lässt sich nicht sagen. Gerade deshalb bedarf das ›innere Wort‹ der draußen ertönenden und verhallenden Sprache. »Ein in der Stille des Denkens gehegter Satz wird erst im Tönen der Stimme vernehmbar«: »sententia in silentio intellegentiae constituta [...] ipsa in sono vocis auditur.« (Civ. 10.13) Es ist das, was in dem, was gesagt und geäußert wird, verstanden werden will.

Augustin unterscheidet unser Sprechen vom *verbum dei* dadurch, dass unserem Sprechen und Verstehen eine ›Unschärferelation‹ eignet. Bei ›unserem Wort‹, unserem Sprechen, sind wir dazu genötigt, nicht nur den Lautklang, sondern gerade das, was ohne Laut verlautet, zu verstehen. Das *verbum dei* dagegen denken wir als das im Erscheinen von Schöpfung stillschweigend wirksame Zusammenfallen der inneren und äußeren Form des Wortes. Wir ›verstehen‹ die Dinge, die sich uns ›bedeuten‹. Dieses Sich-Bedeuten des Kreatürlichen ist stumm. Die Bedeutsamkeit, die die Dinge für sich haben, will ›erhört‹ werden. Was Augustin mit dem ›inneren Wort‹ reflektiert, hat nicht nur sprachphilosophisch-bewusstseinstheoretische Relevanz. Es hat mit dem ›Erhört-werden-wollen‹ des stummen Anspruchs des Kreatürlichen zu tun, in dem das Wort Gottes schöpferisch erscheint. Das innere Wort ist ›zwischen‹ den Wörtern – nicht als ein Wort, das noch zu sagen wäre, sondern als das, woraus und weswegen die Wörter verlauten, als der zu verstehende Sinn, der in den Wörtern verlautet. Es findet sich in der »abgründigeren Tiefe unserer Erinnerung«. Dort wird »das innerste Wort gezeugt, das keiner Zunge/Sprache angehört«: »Sed illa est abstrusior profunditas nostrae memoriae ubi [...] gignitur intimum verbum, quod nullius linguae sit.« (De trin. XV.21.40) Das reine oder stumme Bedeuten der Dinge – »Nichts ist ohne Sprache« (vgl. 1 Kor 14.10) – findet sich mit dem ›inneren Wort‹ als Prinzip des Verstehens der verlautenden Zeichen. Was als Wort Gottes schöpferisch gedacht wird, kehrt in der Intersubjektivität der Sprache wieder. Verstehen wir, so gelingt es uns, in die verlautenden Zeichen, mit denen ein ›anderes Herz‹ sein Erinnern, Einsehen und Wollen des Verstehens ausgedrückt hat, unser Erinnern, Einsehen und Wollen des Verstehens zu übertragen. Verstehend finden wir, was nicht verlautet, was in den verlautenden Wörtern lautlos ist. Verstehend hören wir innen das *verbum verum*, das ohne eigenen Laut ist. Die »memoria principalis« (De trin. XV.21.41) – der die Einsicht des Verstehens und die Liebe zum Verstehen eigen ist – bedarf der (verlautenden) Sprache. Weil das innere Wort nicht gesagt werden kann, muss es immer von neuem übersetzt und dieses Übersetzen gedeutet werden. Jeder Satz der verlautenden Sprache ist Übersetzung: ein ›Satz‹ über den Abgrund der Erinnerung. In dieser Beziehung zwischen Erinnerung und Äußerung erfüllt sich die Sprachlichkeit des Geistes mit Sinn.

Mit dem inneren Wort reflektiert Augustin das wechselseitige (Sich-)Erinnern bzw. Sich-Entsinnen, das Verstehen bedeutet und der Verkörperung (›Fleischwerdung‹) bedarf. Es vollzieht sich in der Sprache ohne ein eigenes Wort. Es ist lautlos in der Sprache. Die ›abgründigere Tiefe‹ der Erinnerung entspricht dem Schweigen. Es fasst sich in der Sprache, indem es gebrochen wird.

6. Die Aporie des Geschichtlichen: *De civitate dei*

Das »große und schwierige Werk« *De civitate dei* enthält den umfangreichen Versuch einer Reflexion des Sinns von Geschichte.[1] Augustin schreibt die Bücher über die ›Bürgerschaft Gottes‹ aus einer geschichtlichen Notsituation heraus. Er will die christliche Religion von dem Vorwurf, für den Untergang antiker Kultur und Zivilisation verantwortlich zu sein, entlasten. Weder die Aufgabe der vorchristlichen Götterverehrung noch die Ersetzung des spätantiken Jenseitsglaubens durch die christliche Religion seien Grund der geschichtlichen Fakten gewesen.[2]

Die 22 Bücher über die Bürgerschaft Gottes enthalten keine Geschichtsphilosophie im neuzeitlichen Sinn.[3] Geschichte im konkreten Sinn wird kaum thematisiert. Natürlich betont Augustin unmissverständlich, worum es ihm in seiner Geschichtsbetrachtung geht: die Rechtfertigung christlicher Religion in Beziehung auf Geschichte. Aber er lässt durch sie Geschichte nicht – etwa geschichtsphilosophisch – gerechtfertigt sein. Die 22 Bücher *De civitate dei* enthalten keine ›christlich-lineare‹ im Unterschied zu einer ›antik-zyklischen‹ Geschichtsvorstellung.[4] Zwar spricht Augustin von »exortus (Ausgang) – excursus/procursus (Entwicklung) – debitae fines (geschuldetem Ende)« des Geschichtlichen (vgl. z.B. Civ. 18.1). Geschichte zu verstehen als die zwischen der Ewigkeit vor und der Ewigkeit nach der Geschichte eingespannte Brücke ›Zeit‹, die es zu fliehen gilt, ist eine Interpretationsmöglichkeit, die sich durch viele Äußerungen Augustins nahe legt. Sie ist ein populär-platonischer Gemeinplatz. Aber Augustin nimmt die individuelle Einmaligkeit geschichtlicher Existenz sozusagen wichtiger, als es dieses Denkmuster zulässt. Die beiden »civitates« sind Erfahrungsweisen, die sich innergeschichtlich unterscheiden. Mit dem Spannungsverhältnis zwischen *civitas dei* und *civitas terrena* formuliert er die Aporie des Geschichtlichen selbst. ›Geschichte‹ ist der konkrete Prozess, in dem beide ›Bürgerschaften‹ verwoben sind. Sie vollzieht sich – versteht man unter Geschichte mehr als die facta bruta endloser Herrschaft – in der und als die Polarität der beiden *civitates.* In der konkreten Betrachtungsweise geschichtlicher Existenz ist diese weder Gegenstand religiöser Affirmation noch kultischer Weltflucht. Deshalb schreibt Augustin, dass er von »Ausgang, Ablauf und dem verdienten Ende der beiden Staaten, die in dieser Weltzeit verworren und wechselseitig miteinander vermischt sind, das Nötige sagen wolle« (vgl. Civ. 10.32). *Civitas dei* und *civitas terrena* bilden kein zeitliches Stufenmodell. Die Aporie des Geschichtlichen besteht in der Verwobenheit beider in dieser Weltzeit (*saeculum*). Geschichte ist der Text der Geschichten beider.

Die *civitas dei* meint keine der Welt des Geschichtlichen gegenüber interesselose Heilsordnung. Sie ist eine Reflexion geschichtlicher Existenz selbst. Geschichte ist das, was sich zwischen dem Ursprung, nach dem beide *civitates* sich entwickeln, und vor den ›letzten Dingen‹ ihrer Trennung, ob sie nun erhofft oder zum Gegenstand der Angst wird, vollzieht. Motiv, Ausgangspunkt und Ziel dieser Beschreibung der Dualität von Geschichte ist die Apologie der ›Bürgerschaft Gottes‹ (vgl. Kap. 6.1.). Es ist der Ausgang aus selbstverschuldeter Verdammung, als deren Geschichte sich – für beide Bürgerschaften – Geschichte vollzieht. Der Ausgang aus selbstverschuldeter Verdammung ist die Überwindung ihrer Geschichte selbst. Diese wird als »jüngster Tag (dies novissimus)« gedacht. Die Trennung beider Bürgerschaften – die Aufhebung der zweideutigen Aporie des Geschichtlichen – ist das ›Ziel‹, das Ende der Geschichte dieser Weltzeit. Als dieses Ende des *saeculum* wird einerseits der Rückfall in ewige Verdammtheit, andererseits die Gnade des Übergangs in ein von keiner Veränderlichkeit bedrohtes Glück geglaubt, wenn Unglück als Strafe und Glück als Gnade zu endgültigen Zuständen sich auskristallisiert haben. Wird dieses Aufgehobensein der Not von Geschichte als ein entzeitlichter Zustand gedacht, so ist er zukünftig und jenseits und folgt auf dieses Leben nach dem Tod. Mehr lässt sich von diesem ›Ende der Geschichte‹, das ein Gegenstand des Glaubens ist, nicht wissen. Augustin konstruiert keine Teleologie des geschichtlichen Prozesses. Zwar entfaltet er im Rückblick auf die Geschichte zwischen dem »in principio« von Gen. 1 und der historischen Geburt von Jesus eine Weltalterlehre – mit seiner Ankunft habe der ›sechste Tag‹ bzw. das ›sechste Weltalter‹ begonnen (vgl. Civ. 22.30). Aber: Geschichtsphilosophisch ist an dieser Weltalterlehre entscheidend, dass sie auf ihr Ende hin offen ist. Das »sechste Weltalter geschieht jetzt und lässt sich nach keiner Zahl von Generationen berechnen« (Civ. 22.30). Diese Einsicht sprengt jedes geschichtsübergreifende Modell – gerade auch jene von Augustin oft repetierte Vorstellung, dass Geschichte sich zwischen der Ewigkeit vor ihr und einem zeitlich als Ewigkeit bestimmten Heilsgeschehen nach ihr eingespannt vollzieht. Ein solches Modell widerspricht den *Confessiones*, in denen er, wie erwähnt, an exponierter Stelle sein »nescio« bezüglich einer Ordnung der Zeiten bekennt (vgl. Conf. XI.29.39; Kap. 4.3). Und in *De trinitate* heißt es, dass das »sechste Weltalter jetzt geschieht bis zum verborgenen Ende der Zeit«: »nunc agitur usque ad occultum temporis finem.« (De trin. IV.4.7) Das ›sechste Weltalter‹ ist die Jetztzeit der Geschichte. Bezogen auf Ursprung, Verlauf und verdientes Ende der beiden Bürgerschaften bringt Augustin am Schluss von *De civitate dei* neben der jenseitsgerichteten und futurischen Eschatologie eine andere Form des Eschatologischen ins Spiel: die Denkform präsentischer oder proleptischer Eschatologie (vgl. Kap. 6.3).

Neu im Geschichtsdenken Augustins ist *nicht*, dass er einer vermeintlich antik-zyklischen Geschichtsauffassung eine christliche Deutung von Geschichte entgegensetzen würde, in der Geschichte in einem linearen Prozess auf ein *transhistorisches Jenseits*, das ihr heilgeschichtliches Ziel ist, zuläuft. In *De civitate dei* geht es nicht darum, eine zyklische Geschichtsvorstellung durch eine lineare zu ersetzen. Es geht um die Unwiederbringlichkeit individueller geschichtlicher Existenz. Darin gründet die radikal neue Bedeutung, die Geschichte als Daseinsbereich eigener Dignität gewinnt. Aus geschichtsübergreifenden und dergestalt entgeschichtlichten Vorstellungen, die die konkrete Geschichte selbst fliehen – die Vorstellung einer postmortalen Glückseligkeit ist ein Rest spätantiker Mythologeme, in denen ›die Christen mit den Philosophen übereinstimmen‹ (vgl. Civ. 10.32; 18.1; 22.27) –, gilt es, zur individuellen Einmaligkeit geschichtlicher Existenz zurückzukommen. Wie in den *Confessiones* die Subjektivität des *individuum ineffabile* in epochal neuer Weise zur Sprache kommt, so markiert in *De civitate dei* diese Betonung der Unwiederbringlichkeit geschichtlichen Daseins das charakteristisch Neue in Augustins Geschichtsbetrachtung. Er wendet sich gegen die antiken Kreislauflehren nicht primär aus dem Grund, dass er die ›ewige Glückseligkeit‹ auf die Zeit der Geschichte folgen lässt. Natürlich ist das Theorem von einem Leben nach dem Tod ein Grundtheorem der ›Geschichtsbetrachtung‹ und gleichsam die Rahmenhandlung der Geschichte(n), die Augustin referiert. Aber es ist nicht der Grund der Kritik an den antiken Kreislauflehren und der biblischen

These, dass ›nichts Neues unter der Sonne geschehe‹ (vgl. Civ. 12.14). Augustin wendet sich gegen die mythologische Vorstellung von Kreisläufen vielmehr deshalb, weil die Erfahrung des Glücks jeweils etwas Neues ist, was es »vorher nicht gab« (vgl. Civ. 12.21). Aufgrund dieses Anspruchs der Innerzeitlichkeit des Glücks gewinnt Geschichte eine vorher nicht gekannte Bedeutung. Sie ist weder etwas, dem man sich (›stoisch‹) anzupassen hat, noch etwas, das es (›neuplatonisch‹) zu fliehen gilt. Geschichte ist überhaupt kein Gegenstand geschichtsphilosophischer Konstruktionen einer ›Geschichte überhaupt‹. Sie lässt sich weder rechtfertigen noch grundlegen noch ästhetisieren – auch wenn sich alle diese Deutungsmuster auch finden (vgl. z.B. Civ. 11.29; 12.4-5; 16.8). ›Geschichte‹ ist, was geschieht (geschehen ist und geschehen wird) und was sich erzählen lässt. Was von Augustin erzählt wird, ist die Geschichte, die Unglück bedeutete und bedeutet (vgl. Civ. 4.2) und als eine Aneinanderreihung von Unheil sich darstellt – als eine »series calamitatum«, die Augustin aus dem ›schlechten Gebrauch des freien Willens‹ ableitet, der der Ursprung jener selbstverschuldeten Verdammung sei, die das menschliche Geschlecht radikal verdorben habe (vgl. Civ. 13.14). Geschichte ist kein Demonstrationsobjekt einer Heilsordnung, sondern Ereigniskette von deren Ausbleiben. Als eine missgünstige Weltzeit (ein »saeculum malignum«: so Civ. 15.26) wird sie zum Gegenstand der Kritik.

Augustin spricht an unzähligen Stellen von einer geschichtstheologischen bzw. Geschichte auf ihr transhistorisches Ende hin theologisierenden Heilsordnung. So heißt es *Civ.* 10.22, dass dasjenige, dem jetzt der Glaube gelte, sich nach diesem Leben zu sichtbarer Gestalt vollende. Aber dieser Appell impliziert keine Geschichtstheologie im Sinne eines geschichtsphilosophischen Modells. Die Apologie der christlichen Religion besteht vor allem darin, dass sich die geschichtlichen Fakten weder im positiven noch negativen Sinn durch die christliche Religion rechtfertigen lassen, diese also weder nachträgliche Affirmation des Vergangenen noch eine vorweggenommene des geschichtlich Vorfindlichen bedeutet. In diesem Kontext deutet die Rede von der ›A-Zyklizität‹ (Gerichtetheit) nicht ›der‹ Geschichte, sondern der jeweils gelebten, auf die Einmaligkeit und Dignität geschichtlicher Existenz. Es ist die Einsicht in die Unwiederbringlichkeit des geschichtlich Gelebten, d.h. die Erkenntnis der eigenen Endlichkeit. Dadurch gewinnt Geschichte eine neue und unerhörte Dynamik. Die Gerichtetheit des Geschichtlichen deutet auf die Unwiederbringlichkeit gelebter Zeit. Wenn die individuelle Lebenszeit kein unendlicher Vorrat ist, dann kommt es auf das Leben in der Zeit, dessen Name Geschichte ist, an. Denn »ab da, wo jemand in diesem sterblichen Körper zu sein beginnt, geschieht jederzeit, dass der Tod kommt. Das nämlich bewirkt seine Veränderlichkeit durch die ganze Zeit dieses Lebens, dass man dem Tod entgegengeht. Was immer an Zeit gelebt wird, es wird vom Lebenszeitraum weggenommen (quidquid temporis vivitur, de spatio vivendi demitur), so dass die Lebenszeit nichts anderes ist als ein Lauf zum Tod (nihil sit aliud tempus vitae huius, quam cursus ad mortem).« (Civ. 13.10) Kein Geschichtsmodell – weder ein zyklisches noch ein lineares – kann aus dieser Aporie der Endlichkeit geschichtlichen Daseins hinausführen. Die Rede von der *civitas dei* denkt deren innergeschichtliche Wirklichkeit als ein Zurückkommen aus der Einsicht, dass die Lebenszeit ein *cursus ad mortem* ist. Es ist ein Zurückkommen aus dem Vorlaufen in die eigene Endlichkeit.

Die Rede von der *civitas dei* ist zugleich eine Reflexion geschichtlicher Existenz im Hinblick auf die Erfahrbarkeit desjenigen, was ›mehr‹ ist denn die Selbstverschuldung von Not, Unterdrückung und Leid, als deren Erscheinungsweise sich Geschichte darstellt. Es ist eine Reflexion geschichtlicher Existenz im Hinblick darauf, was immer von neuem die Erfahrung des Glücks bedeutet. Es ist der Anspruch auf dieses Glück – er ist Augustin der »einzige Grund des Philosophierens« und »Gott das glückselige Leben des Menschen« (vgl. Civ. 19.1 und 19.26) –, der sich im Geschichtsdenken Augustins bezeugt.

6.1 Apologie und Kritik

Das Motiv der 22 Bücher über die *civitas dei* ist deren Rechtfertigung angesichts von Geschichte. Als Apologie christlicher Religion bedeutet das zunächst deren Rechtfertigung gegenüber Formen des Götterkults, die (neuzeitlich gesprochen) als Ideologie und Affirmation bestimmter Herrschaftsformen und -genealogien fungieren. Augustin bringt in den ersten sieben Büchern den materialreichen Nachweis, dass jede Form der Götterverehrung, die diese in genealogischen Zusammenhang mit geschichtlichen Machtstrukturen bringen, religiöser Kult ist. ›Apologie des Christlichen‹ bedeutet deshalb zunächst eine Apologie der Kritikfähigkeit und Kritikbedürftigkeit der ›Geschichte dieser Weltzeit‹. Diese Apologie soll – ganz ähnlich wie bei Nietzsche – vom Druck von Jahrhunderten entlasten. Augustin verfasst sie, bevor die christliche Religion als geschichtlicher Machtfaktor ›Christentum‹ selbst Anteil an der chronique scandaleuse Geschichte errang.[5] Die Rede von den zwei Bürgerschaften bzw. Gemeinschaften stellt zwei Blickweisen auf ein- und dieselbe Geschichte dar. Die ›Bürgerschaft Gottes‹ unterscheidet sich durch den Maßstab der Selbstreflexion des eigenen geschichtlichen Tuns von der ›anderen‹ (vgl. Civ. 15.1). Ihre Apologie erweist sich als Reflexion dessen, dass nicht nur das sich perennierende Unglück der Selbstverschuldung geschichtliches Datum ist. In der Geschichte der *civitas terrena* gibt es (innergeschichtliche) ›Zeichen‹, die über die Verdammung zum Unglück hinausweisen. Es sind die der ›civitas dei‹ (vgl. Civ. 15.2). Die Deutung dieser innergeschichtlichen Zeichen ist ihre Apologie.

Augustin ist im Rahmen dieser Strategie der Apologie christlicher Religion durchgängig bemüht, die Menschwerdung Gottes als das Offenbargewordensein des Logos vom Glauben an die historische Einmaligkeit dieses Geschehens zu lösen. So schreibt er im Rückblick, dass es »die Sache, die jetzt christliche Religion genannt wird, schon bei den Alten gab, und dass seit dem Beginn des menschlichen Geschlechts sie auch nicht fehlte« (vgl. Retract. I.13.3). Das Offenbarwerden des Logos ist ein heilsgeschichtliches Ereignis, das individuell nachvollzogen und wiederholt werden will. Die Geschichte der Gegenwärtigkeit dieser ›Menschwerdung Gottes‹ wandert mit der *civitas dei* »nicht erst seit Christi Gegenwart wie ein Fremder durch dieses saeculum« (vgl. Civ. 18.51). Ihre Apologie zweckt auf keine Rechtfertigung einer ›christlichen Ordnung‹ in einem theokratischen Sinne ab.

Der Bereich des Geschichtlichen, die historische und institutionelle Erscheinung der irdischen Gemeinschaft (»societas terrena«) der Menschen, ist eine Ordnung der Not. Die *civitas dei* zielt auf die Aufhebung seiner Ordnungsbedürftigkeit. Sie ist nicht chronologisches Faktum, sondern heilsgeschichtliches Datum. Entscheidend wird der Zweck, mit dem wir die Dinge gebrauchen. »Der Gebrauch der zu diesem sterblichen Leben gehörenden Dinge ist beiden Bürgerschaften gemeinsam. Aber der Zweck des Gebrauchs (finis utendi) ist jeweils eigen und grundverschieden«, heißt es *Civ.* 19.17. Eine Sache ›gebrauchen (»uti«)‹ heißt, sie auf etwas anderes zu beziehen, das geliebt wird und zu ›genießen (»frui«)‹ ist. Genießen aber bedeutet, etwas »um seiner selbst willen und mit Freude zu gebrauchen« (vgl. De trin. X.10.13; 11.17; De doctr. christ. I.4.4). In diesem

Sinne ist die Sphäre geschichtlicher Not ein Gegenstand des Gebrauchs, dessen Ziel der Genuss desjenigen ist, was jenseits der historischen Nezessitäten liegt. Der zeitliche Gebrauch des Geschichtlichen erfolgt des Genusses des Ewigen wegen (vgl. Civ. 8.8; 11.25; 19.1; 19.14). Dieses *frui* gehört nicht in die Reihe der Ordnung geschichtlicher Notwendigkeit. Es ist die Gegenwart desjenigen, was das Reich der Notwendigkeit, das Geschichte heißt, transzendiert. Ihre Geschichte ist die Geschichte der Gegenwart dieser Transzendenz.

Die *civitas dei* ist »res populi« im Unterschied zu den »rei publicae« in der Geschichte (vgl. Civ. 2.21). Sie ist das ›Seelenleben der Gemeinde‹, kein institutionelles Gebilde. Sie ist ein Prinzip der Inwendigkeit. Dieses Inwendigkeitsprinzip steigert Augustin bisweilen derart, dass seine Apologie als Kunst der Anpassung an die jeweiligen historischen Umstände erscheint. Apologie des Christlichen wird zu vorauseilender Resignation – gewissermaßen zur Kunst der Einfügung des Transzendenzanspruchs der *civitas dei* in das historisch Vorfindliche, sofern – und hier dringt bei Augustin deutlich Unduldsamkeit durch – die ›wahre Religion‹ nicht behindert wird (vgl. Civ. 19.17). Augustins Rechtfertigung der *civitas dei* bleibt insofern als Kritik des geschichtlich Vorfindlichen mehrdeutig. Diese Mehrdeutigkeit rührt daher, dass die *civitas dei* zu denken ist als eine innergeschichtliche Kategorie und gleichzeitig auf die Aufhebung der Notwendigkeit des Geschichtlichen abzielt. Spricht Augustin von ihr als Affirmation des geschichtlich Bestehenden, d.h. von ihrem Erfahrungsanspruch als einem jenseitig sich Erfüllenden, das »in spe« und futurisch ist, so wird ihr Tun gleichsam zu einer Zwischenwelt inmitten des Geschichtlichen. Man könnte von einer Dialektik der Affirmation des Bestehenden sprechen. Durch den Trost jenseitsgerichteter Transzendenz soll der Mangel des geschichtlich Bestehenden affirmiert werden, er wird aber gerade dadurch als Mangel benannt. Was zum nachgeschichtlichen Gegenstand der Hoffnung wird, ist durch die Selbstreflexion der *civitas dei* und ihrer Geschichte selbst Teil der Profangeschichte. Diese ›vorendzeitliche‹ Geschichte antizipierender Hoffnung ist (wie ihre Apologie) Ausdruck prinzipiellen Ungenügens am geschichtlichen ›Ist‹.[6] Die profane Geschichte ist noch nicht davon erlöst, dass das »saeculum malignum« von dem Verlangen zu herrschen selbst beherrscht wird: »dominandi libido dominatur.« (Civ. 14.28) Seine Geschichte ist eine Sukzession von Herrschaftsformen, deren Entwicklung der Austausch der einen durch eine andere (samt der dazugehörigen religiösen Kulte) ist. Was sind die geschichtlichen ›Reiche‹, fehlt ihnen Gerechtigkeit, anderes als große Räuberbanden, fragt Augustin mit schneidender Schärfe: »Remota itaque iustitia quid sunt regna nisi magna latrocinia?« (Civ. 4.4) Die profane Geschichte ist eine »Kette des Unglücks«, eine »series calamitatis« (Civ. 13.14). Es gab noch keinen Staat, der dem Anspruch der Gerechtigkeit entsprochen hätte, woraus folgt, dass es noch keine »res publica« gab. (Civ. 19.21) Es gibt nur die Geschichte institutionell geregelter Gewalt. Als Grund dafür fungiert das Mythologem ursprünglicher Selbstverschuldung. In dieser Begründung des Unglücks unerlöster Geschichte kehrt zum einen der manichäische Dualismus aus Augustins Jugend wieder. Zum anderen aber ist bedeutsam, wofür diese ›Begründung‹ und der aus ihr resultierende verdammende Blick auf die elende Geschichte des Menschengeschlechts sozusagen methodisch die Betrachtung geschichtlicher Faktizität freimachen. Die Fakten der Geschichte sollen »ohne Beschönigung betrachtet, überlegt und beurteilt werden«: »nuda cernantur, nuda pensentur, nuda iudicentur.« (Civ. 3.14) Unglück und Leid sind nicht Momente eines ›an sich‹ gerechtfertigten Geschichtsprozesses.[7] Soll die chronique scandaleuse dieser geschichtlichen Welt gedeutet werden, so lässt sie sich nicht rechtfertigen, sondern einzig als Strafe verstehen (vgl. Civ. 21.15). Geschichte wird zum Inbegriff selbstverschuldeter Bestrafung. Dies gilt nicht nur für die ›vorchristliche‹ Vergangenheit, sondern auch für die ›christliche‹ Gegenwart. Auch hierin zeigt sich, dass Augustins Apologie der *civitas dei* keine Apologie des Christlichen in einem historisch-politischen Sinn ist. Ihre Apologie bedeutet keine Säkularisierung heilsgeschichtlicher Erwartungen, sondern markiert ein heilsgeschichtliches Soll. Dem Glauben nach kommt diesem Soll eine jenseitige und zukünftige Wirklichkeit zu. Dem Faktum nach erweist es sich als Grund der prinzipiellen Kritik am geschichtlich Bestehenden. Grund und Maßstab dieser Kritik ist die Erinnerung dessen, was noch nicht ist.

Die Wirklichkeit der *civitas dei* erweist sich in der und als die Kritik am innergeschichtlich Bestehenden. Maßstab und Grund dieser Kritik ist das Ungenügen an der Geschichte des Scheiterns und des Missglückten in dieser Weltzeit. Es ist die Erinnerung des Unglücks, die dieses nicht dadurch erklärt, dass man sich dem ›Ist‹ des Faktischen anzupassen habe und diese Anpassung als philosophische Tugend erklärt. Stoische Tugend und Lebenskunst sind Augustin nicht Überwindung der menschlichen Übel, sondern deren augenfälligster Ausdruck. Die Geduld reflektierender Selbstbescheidung ist ein Sublimationsphänomen wie die vier Tugenden »temperantia, prudentia, iustitia, fortitudo« insgesamt (vgl. Civ. 19.4). Sie sind Ausdruck geschichtlicher Not, nicht deren Abschaffung. Der vorauseilenden Resignation, die den Anspruch auf Glück durch die Geduld theoretischer Einsicht ersetzt und das ›Ist‹ des Geschichtlichen als Unveränderliches auffasst, gilt Augustins Aufmerksamkeit und Kritik. »Glücklich« ist man nicht dann, wenn man geduldig im Elend ist (vgl. Civ. 14.25). Die Kritik an innergeschichtlicher Selbstbescheidung bleibt von der Strategie, dem Unglück dieser missgünstigen Weltzeit, aus dessen Immanenz in diesem Leben nicht zu gelangen sei, die Glaubensgewissheit der *civitas dei* entgegenzusetzen, deren Hoffnung in postmortaler Transzendenz sich erfülle, unberührt. Selbst wenn erfülltes Glück als Transzendenz gedacht wird, die auf die Immanenz des Innergeschichtlichen – unbestimmt wann – folgt, bleibt die Kritik an resignativer Selbstbescheidung im Recht. Diese ist intelligible Sublimation und lässt das Intelligible selbst zu einem Sublimationsphänomen werden. Den Anspruch des Glücks zu vergessen ist nicht dessen Erfüllung. Er lässt sich – der theoretischen Selbstbescheidung zum Trotz, die die geschichtliche Not zur Not des Geschichtlichen macht – erinnern.

Das Elend sowohl der vergangenen wie der ihm gegenwärtigen Geschichte schildert Augustin drastisch. Die Geschichte der *civitas terrena* ist die der Angst (bzw. der Ängste: »angustiae«). Es ist eine Geschichte des Selbstwiderspruchs, der Kriege, des Streites, des Strebens nach todbringenden und todverfallenen Siegen (vgl. Civ. 15.4). Diese ›Misere‹ (in) der Geschichte ist nicht beendet (vgl. Civ. 19.7). Geschichte ist nicht die Katastrophe des Unglücks, das noch aussteht, sondern das geschehende. »Dieses Leben, ist es denn Leben zu nennen, ist so vieler und so großer Übel voll, dass es von seinem Ursprung her bezeugt, dass das ganze Geschlecht der Sterblichen verdammt ist«. Das zeige sich »in den beißenden Sorgen, Leidenschaften, im Kummer, der Angst und all den anderen Widerwärtigkeiten, die aus dem Leben der Menschen nicht wegzudenken sind«. Es ist ein Reich der Notwendigkeit, in dem »Trägheit, Faulheit, Nachlässigkeit zwar Laster« seien, mit denen vor der Not der Arbeit geflohen werden soll. Das kann aber nicht darüber hinwegtäuschen, dass diese Notwendigkeit der Arbeit eine Not und »Arbeit selbst, auch die nützliche, eine Strafe ist«: »labor ipse, etiam qui est utilis, poena sit.« (vgl. Civ. 22.22)[8] Augustins Kritik gilt dem geschichtlichen Dasein in seiner Sorgestruktur. Die Explikation der Sorgestruktur des Daseins in dieser Weltzeit ist – vergleichbar der Erläuterung der Sorgestruktur individueller Existenz in Buch X der *Confessiones* mit dem Fazit: »Ecce, domine, iacto in te curam meam« (Conf. X.43.70) – eine immanente Kritik des Geschichtlichen. Jeder Rückzug in theoretische Ataraxie oder eine zu erreichende Ataraxie des Theoretischen (in einer sich zeitlos denkenden Selbstsuffizienz des Intelligiblen) ist der Versuch, zu vergessen und zu verdrängen, was sich als die Gegenwart der Geschichte zeigt. »Wer also diese Übel, die so groß sind, so erschreckend und verheerend, mit Schmerz betrachtet, gestehe, dass sie ein Elend sind. Wer sie aber ohne Schmerz des Geistes erduldet oder so denkt, der mag sich für glückselig halten, aber er ist um so elender, da er seinen menschlichen Sinn verloren hat.« (Civ. 19.7) Augustin spricht hier nicht von Mitleid als einer möglichen Reparaturinstanz geschichtlichen Elends. Er spricht davon, dass dieses sich nicht rechtfertigen lässt. Auch die Glaubensgewissheit eines postmortal und jenseits der Geschichte sich erfüllenden Glücks taugt hier nicht zum Trost. Im Gegenteil. Die Hoffnungsgewissheit um ein Geschichtstranszendentes schärft den Sinn dafür, was prämortal und intramundan in der Geschichte Unglück ist.

In dieser Welt der Geschichte ist die *civitas dei* ›auf Wanderschaft in der Fremde‹: eine »civitas peregrina in peregrinatione« (vgl. z.B. Civ. 1.29; 5.16; Conf. X.4.6; XII.11.13). Die Kritikbedürftigkeit und Kritikfähigkeit an dem, was geschichtlich war oder ist, *ist* die innergeschichtliche Ausdrucksform der ›Bürgerschaft Gottes‹ und ihre Apologie, die sie nicht als religiöses Moment geschichtlicher Herrschaft funktionalisiert. Ihre Apologie ist eine Apologie des prinzipiellen Widerspruchs. Die *civitas dei* als prinzipieller Widerspruch gegen Formen geschichtlichen Bestehens, die dem Wollen des Glücks nicht nur nicht entsprechen, sondern widersprechen, ist die innergeschichtliche Wirklichkeit desjenigen, was dem Glauben nach in einem jenseits sich Erfüllenden erhofft wird. Als dieser Widerspruch, d.h. im Spannungsverhältnis zu dem, was geschichtliches Bestehen hatte oder hat, ist die *civitas dei* in die ›Geschichte dieser Weltzeit‹ verwoben. Ihr Gegenstand ist nicht nur die Hoffnung auf ein geschichtstranszendentes und Geschichte transzendierendes Heilsgeschehen, auf das der geschichtliche Prozess zustrebe. Von dieser geschichtsphilosophischen Konstruktion einer Gerichtetheit des geschichtlichen Prozesses ist bei Augustin – abgesehen vom Glauben daran, dass die in sich antagonistische Verwobenheit der beiden Bürgerschaften ein eschatologisches Ende erfahren wird – nicht die Rede. Gegenstand der *civitas dei* ist vielmehr – wenn auch für die Glaubensgewissheit an eine ›Heimat‹ jenseits und nach der ›Fremde‹ der Geschichte vielleicht sekundär – das Festhalten am Anspruch des Glücks *in dieser* Weltzeit. Die Geschichte dieses Festhaltens am Anspruch des Glücks ist die Geschichte jener Gemeinschaft, die ›wie eine Fremde in dieser Weltzeit wandert‹. Es ist eine Geschichte – und die Tradition – des sich in der Geschichte erhaltenden Widerspruchs. Die Geschichte der *civitas dei* ist mit der der *civitas terrena* verwoben und verwischt – bis beide im »letzten Gericht« (dem »ultimum iudicium«) voneinander getrennt werden (vgl. Civ. 1.35; 15.1/18/20; 19.17). Vor diesen ›letzten Dingen‹ ist Geschichte der Text der Geschichten beider – ein ›Text‹, der von der Erinnerung des Glücks im Widerspruch zur faktischen Gegebenheit von Herrschaft und Gewalt erzählen lässt. Die Apologie der *civitas dei* ist eine Verteidigung des Rechts, die Geschichte dieser Weltzeit Fremde zu nennen, solange sie ›Fremde‹ ist.

Die Rechtfertigung, die Augustin der in der Fremde der Geschichte wandernden *civitas peregrina* gibt, zielt nicht nur auf ein Futurum der Hoffnung und eine Ewigkeit nach der Zeit.

Das Ende der Fremde von Geschichte erfüllt sich bereits in dieser Weltzeit, es geschieht schon jetzt: »Schon jetzt richtet Gott, so wie er seit Beginn des menschlichen Geschlechts schon gerichtet hat.« (Civ. 20.1) Darauf, dass der ›Tag des Gerichts‹ sich bereits in der Zeit als die mit Geschichte erfüllte ›jüngste Zeit‹ erweist, wird bei den beiden Formen des Eschatologischen, zurückzukommen sein. Zuvor ist jedoch nach dem Dualismus zu fragen, der sich ergibt, wenn man aus dem Widerspruch, der die *civitas dei* innergeschichtlich ist, einen Widerspruch zur Geschichte macht.

6.2 Geschichtsdualismus: Dualität der Geschichte

Die Apologie der *civitas dei* als Rechtfertigung der Kritikfähigkeit und Kritikbedürftigkeit des geschichtlich Existierenden zu verstehen ist eine Interpretationsmöglichkeit von Augustins Geschichtsbetrachtung in *De civitate dei*. Die andere besteht darin, die Aporie des Geschichtlichen in einen prinzipiellen Dualismus aufzulösen. Dieser stellt – vor allem in Verbindung mit Augustins Prädestinationstheorem – die Wiederkehr der manichäischen Denkweisen seiner Jugend dar. Sie tauchen mit aller Macht immer dann wieder auf, wenn die Rede von der *civitas peregrina* ihres kritischen Sinns beraubt wird. Die Kritik gilt einer prinzipiellen Verfasstheit des Geschichtlichen selbst. Dieser den Zwiespalt des Geschichtlichen auflösende Dualismus – zwischen *civitas dei* und *civitas diaboli* (vgl. Civ. 17.20) – lässt das *saeculum malignum* zum Demonstrationsobjekt einer ›die‹ Geschichte bestimmenden Struktur werden. Das Missglückte profaner Geschichte wird ontologisiert und gnostisch verurteilt. Der Bereich geschichtlichen Daseins ist prinzipiell dem Unglück verfallen – und die Möglichkeit des Glücks ein unvordenkliches Heilsgeschehen, das der Endlichkeit geschichtlichen Existierens entgegengesetzt bleibt. Die Zeit geschichtlicher Existenz ist die ›Fremde‹ prinzipiellen Unglücks und prinzipieller Schuld. Die Gnade des Glücks wird der Welt des Geschichtlichen entgegengesetzt – als die Ewigkeit der ›zur Ehre Erwählten‹, die auf die Zeit der Geschichte folgt. Der Theoremkomplex von ›Erbsünde, Gnade und Prädestination‹ (vgl. Kap. 3) erweist sich als Regression zu einem prinzipiellen Dualismus der Betrachtung von Geschichte. Die ihres kritischen Sinnes beraubte Rede von der *civitas dei* wird gleichsam verhärtet. Manichäisch ist die Ansicht, dass es nicht ›eine‹ Geschichte gibt, in der die beiden menschlichen Gemeinschaften miteinander verwoben sind, sondern eine ›des Guten (Erlösten) und des Bösen (Verdammten)‹. Es ist nicht die Wiederkehr des gleichen Manichäismus, dem Augustin in seiner Jugend anhing. Dieser war der Dualismus zweier Prinzipien, die vor aller Geschichte angenommen werden. ›Welt‹ war nur noch der Ort der Auseinandersetzung jener Prinzipien (vgl. Conf. IV.1.1). Der geschichtstheologische Manichäismus in *De civitate dei* ist keine Rückkehr zu diesem Prinzipiendualismus (kosmologischer oder ontologischer Art, vgl. Civ. 11.22). Die Reprise manichäischer Denkmuster zeigt sich vielmehr in einem prinzipiellen Dualismus der Betrachtung des Geschichtlichen. An die Stelle eines Prinzipiendualismus tritt ein prinzipieller Dualismus der Betrachtungsweise. Augustin begründet diesen prinzipiellen Dualismus der Betrachtungsweise damit, dass die Verantwortlichkeit für das eigene Tun in der Geschichte, die Freiheit des Willens, der Ursprung der Selbstverschuldung der menschlichen Gattung ist. ›Geschichte‹ wird zum Inbegriff der Erfahrung der Verantwortlichkeit für das eigene Handeln.

In geschichtsphilosophischer Projektion bedeutet der Theoremkomplex von Erbsünde, Prädestination und Gnade das

Skandalon eines gnadenlosen Manichäismus. So heißt es an einer Stelle von *De civitate dei* mit aller Härte: »So werden uns hier die beiden menschlichen Bürgerschaften vorgeführt, die eine verhaftet dieser Welt, die andere in Hoffnung auf Gott, beide wie aus einer gemeinsamen Pforte der Sterblichkeit (ianua mortalitatis), die in Adam geöffnet wurde, hervorgegangen, dass sie hervorlaufen und ein jeder zu seinem besonderen, jeweils eigenen und verschuldeten Ziele gelange. So beginnt die Zählung der Zeiten (dinumeratio temporum). Ihr werden auch die anderen Abkömmlinge hinzugefügt, nachdem wiederholt wurde, dass sie aus Adam sind. Aus einem verdammten Geschlecht, wie aus einer selbstverschuldeter Verdammnis übergebenen Masse (veluti massa una meritae damnationi tradita), macht Gott die einen zum Gefäß des Zorns zur Schändung, die anderen zu Gefäßen der Barmherzigkeit zur Ehre. Jenen vergilt er mit verdienter Strafe, diesen gibt er in unverdienter Gnade. Aus diesem Vergleich der Gefäße des Zorns lerne die obere Bürgerschaft, die auf Erden wandert, nicht der Freiheit des eigenen Willens zu glauben (non fidere libertate arbitrii sui), sondern hoffe, den Namen Gottes, des Herrn, anzurufen.« (Civ. 15.21) Die Verknüpfung von erbsündhafter Verdammtheit und Prädestination, d.h. radikaler göttlicher Willkür, stellt gleichsam eine Überreaktion auf das Faktum dar, dass die bisherige Geschichte des menschlichen Geschlechts dem Maßstab der Menschenwürde nicht entspricht. Die Kritik daran schlägt zu einer Rechtfertigung negativer Art um. Sie konnte der Menschenwürde nicht entsprechen, weil sie prinzipiell menschenunwürdig, d.h. unveränderlich, und weil sie prinzipientheoretisch, d.h. radikal verdorben ist.

Augustin hat diese gnostische Verdammung der Welt, die von der Überreaktion eines enttäuschten Ästheten zeugt, mit aller Deutlichkeit nicht nur an einer Stelle von *De civitate dei* formuliert. Die Ungerechtfertigtheit geschichtlichen Leids, seine Sinnlosigkeit, lässt sich nur dadurch ›rechtfertigen‹, dass dies Ausdruck göttlicher Willkür und Geschichte mit ihren beiden ›Bürgerschaften‹ jener Prozess ist, den der strafende Gott mit dem sich selbst zur Schuld verdammt habenden menschlichen Geschlecht führt. Seine Gnade ist keine dem geschichtlichen Prozess gegenüber externe und gleichsam kalkulable Berufungsinstanz mehr. Das *genus humanum* ist eine selbstverschuldeter Verdammung übergebene Masse, der Gott nicht mehr die Appellationsinstanz gnädiger Vorsehung ist, sondern das Urteil, das schon vor dem geschichtlichen Prozess, seiner Exekution, gesprochen ist. Wie die Weltzeit der Geschichte ein *saeculum malignum* ist, erscheint Gott hier als ein *deus malignus*, der den endzeitlich drohenden Schrecken schon vor aller Zeit vorherbestimmt hat. Immer wieder repetiert, durchzieht dieses Motiv die Geschichtsbetrachtung von *De civitate dei* von Anfang bis Ende. Geschichte wird zum Ort des Schreckens, aus dem es kein Entrinnen, Glück zum Ausnahmezustand, auf den es keinerlei Anspruch gibt. »Die ganze Masse des menschlichen Geschlechts ist verdammt, so dass keiner aus ihm von diesem gerechten und verdienten Strafgericht befreit wird, es sei denn durch unverdiente Gnade. Das menschliche Geschlecht ist geschieden worden, damit an einigen gezeigt wird, was erbarmende Gnade vermag, an den restlichen aber, was die gerechte Strafe. Beides kann nämlich nicht an allen gezeigt werden, denn, verblieben alle in den Strafen gerechter Verdammung, so würde in keinem die erbarmende Gnade erscheinen. Wiederum, würden alle aus der Finsternis ins Licht geführt, so würde in keinem die Wahrheit der Rache erscheinen. In diesem Zustand (der Strafe) befinden sich aber viel mehr als in jenem, damit sich zeigt, was eigentlich alle verdienen.« (Civ. 21.12) Der Zeit der Geschichte, die prinzipiell und radikal in einer gleichsam mythischen Verzirkelung von Schuld, Rache und Vergeltung, deren Form ›göttliche Vorsehung‹ ist, besteht, wird eine Heilsgeschichte entgegengesetzt, die als Ewigkeit auf die Zeit folgt, so wie sie vor ihr bestand.

Der prinzipielle Dualismus in der Betrachtungsweise von Geschichte ist in einem manichäischen Dualismus zwischen Ewigkeit und Zeit fundiert. Dieser schon in *De vera religione* (vgl. 49.97; 52.101; 53.103) gleichsam neuplatonisch durchreflektierte Gegensatz zwischen Ewigkeit und Zeit kehrt in *De civitate dei* im prädestinierten Dualismus der beiden Bürgerschaften wieder. Er kehrt wieder als manichäischer Dualismus innergeschichtlicher und zugleich als einer gleichsam gegengeschichtlicher Art. Hinzu kommt die inzwischen entdeckte und in Reaktion auf Pelagius und Caelestius zugespitzte Prädestinations- und Gnadenlehre. Die der (elenden) Zeit der Geschichte entgegengesetzte Ewigkeit verliert ihre providentielle Güte. Sie ist weder eine Sphäre des Transzendenten, das sich intellektuell konstruieren lässt, noch theoretische Rechtfertigungsinstanz innerzeitlichen Elends. Sie ist nicht mehr ein Aufstiegsobjekt intelligibler Kompensation. Die Transzendenz, die der Zeit der Geschichte gegenüber als Ewigkeit gedacht wird, bietet keinen Trost mehr. Es kann nicht davon ausgegangen werden, dass der geschichtliche Prozess wie die Lebensgeschichte eines jeden auf eine jenseitige Glückseligkeit zulaufen. Im Gegenteil. Im Schrecken der Gnaden- und Prädestinationslehre geht der Transzendenzoptimismus des Neuplatonikers Augustin zugrunde. Was als gütig wirksames göttliches Prinzip gedacht werden soll, ist im Hinblick auf die ›disiecta membra‹ dieser Weltzeit – die wir in Händen halten, fällt der Glaube an die Ewigkeit als einer im Prinzip gnädigen Regie weg – nichts anderes denn Willkür. Mit Grund zu erwarten ist nicht Glück, sondern die Verdammung, die sich für jedes Individuum nach der Zeit der Geschichte fortsetzt – so wie sie als Elend, Sorge und Unglück schon diese Zeit der Geschichte bestimmt. Die Welt dieser Gnaden- und Prädestinationslehre ist von gnadenloser Vergeltung als ihrem Prinzip durchherrscht. »Bei der Bestrafung jener Sünde geschah nichts anderes, als dass Ungehorsam mit Ungehorsam vergolten wurde« (so Civ. 14.15). Der Gott der Gnaden- und Prädestinationslehre ist den Gesetzen des einfachen Tauschs und dessen mythischem Grund – der Angst der Verschuldung, die Rache will und keine Verzeihung kennt – nachempfunden. Die Rede von einem gnädigen Gott ist bloße Selbsttäuschung. Die Zahl der Bürger der Bürgerschaft Gottes ist festgelegt und vorherbestimmt: »certum numerum civium suae civitatis praedestinatum est«, heißt es Civ. 14.26, und weiter, dass es »nicht verdiente, sondern grundlos gewährte Güte ist, die aus der Gemeinschaft der Menschen, mit denen die gemeinsame Strafe zu Recht zu erleiden wäre, befreit«. Das Glück der Befreiung von der ›eigentlich‹ verdienten Strafe ist das ›Mehr‹ gegenüber der Welt der Rache und Vergeltung, als deren Prinzip und genealogische Letztbegründung die Prädestinations- und Gnadenlehre einen Gott der Willkür denkt. Ihr Willkürgott ist die Form der Unerlöstheit, als deren Erscheinungsweise Geschichte verurteilt wird.

Es zeigt sich im Hinblick auf Geschichte ein Dualismus mehrfacher Art. Es ist von einer Erwartung die Rede, als deren Verhinderung Geschichte gleichzeitig gedacht wird – als das konsequente Strafgericht verdienten Unglücks. Die Kritik an der *series calamitatis* in der Geschichte wird zu jener Kritik übersteigert, die die Welt des Geschichtlichen selbst als unrettbar verdammt denkt. Durch den »schlechten Gebrauch des freien Willens ist das menschliche Geschlecht radikal verdorben und unrettbar verdammt« (vgl. Civ. 13.14). Das Mythologem dieser unhintergehbaren Verschuldung ist eine Theorie der Selbstverschuldung (vgl. Kap. 3). Geschichte wird zum Prozess ihrer Exekution. Diese gnostische Verdammung steht für einen manichäischen Rückzug aus der Welt des Geschichtlichen. Der sich perennierenden Katastrophe geschichtlichen Daseins wird ein Jenseitsglauben gegenübergestellt, der die Entwertung jeder Möglichkeit eines innergeschichtlichen ›Fortschritts‹ bedingt. Dieser Dualismus ist gleichsam ein umgedrehtes Transzendenzdenken. ›Transzendenz‹ wird erstens der ›schlechten‹, prinzipiell unerlösbaren Welt ›positiv‹ entgegengehalten: als ein Jenseits, das nach der Endzeit dieser Welt auf sie folgt und ›jetzt‹ nur als Willkür erscheint. Zweitens wird der Sphäre des Geschichtlichen, der Immanenz geschichtlicher Existenz, jede Transzendenz, jedes Transzendieren abgesprochen. »Unglücklich kämpft die menschliche Natur mit sich selbst«, denkt sie sich als Ursache und als Gegenstand unentrinnbarer Schuld: »Natura humana secum pugnat infelix« (Civ. 21.15), nimmt sie Gott als den Grund der Verdammung an, mit der dies Denken selbst die Welt geschichtlicher Immanenz verurteilt.

Wie aber verhält sich zu diesem manichäischen Dualismus der Selbstverdammung geschichtlicher Existenz die Innergeschichtlichkeit und Innerzeitlichkeit der ›Bürgerschaft Gottes‹, die in dieser Weltzeit auf ›Wanderschaft‹ ist: ›fremd‹ in dieser Fremde unerlöster Geschichte und selbst eine Entwicklung in dieser Weltzeit habend? Sie ist kein Gegenstand bloßer Hoffnung, sondern ein innergeschichtliches und vor allem vorendzeitliches Erfahrungsdatum in der Profangeschichte. Die Unterscheidung zwischen den beiden ›Bürgerschaften‹ hat nicht nur die Bedeutung, dass der Geschichte dieser Welt die Möglichkeit des Glücks abgesprochen und entgegengesetzt wird. Sie hat nicht nur die Bedeutung einer gnostischen Abwehr dieser Welt. Die Rede von der *civitas dei* erzählt auch die Geschichte eines Erfahrungsanspruchs, der mit ›Geschichte‹ verbunden ist und ihn tradiert.

Manichäisch ist der Blick, der Geschichte zum Ort unabänderlichen Unglücks verdammt und dieser Strafe der Selbstverdammung eine andere Geschichte als Zeit der Erlösung entgegensetzt. Er spricht über die Geschichte der *civitas terrena* das Urteil, dessen Erscheinung sie schon ist. Augustin denkt aber zugleich die Geschichte der *civitas peregrina* in die Ordnung dieser Weltzeit verwoben. Ihre Geschichte ist die Erinnerung des Glücks. *Civ.* 11.25 folgert er aus dem Unterschied zwischen ›Genuss‹ (frui) und ›Gebrauch‹ (uti) – er »scheint darin zu bestehen, dass wir eine Sache genießen, wenn wir sie nicht auf anderes beziehen, sondern sie um ihrer selbst willen erfreut, dass wir aber eine Sache gebrauchen (als Mittel benutzen), wenn wir sie wegen etwas anderem begehren« –, dass »deshalb das Zeitliche mehr als Mittel zu benutzen ist als zu genießen, um den Genuss des Ewigen zu erreichen«. Gibt es ein ›Genießen des Ewigen‹ im ›Gebrauch des Zeitlichen‹? Kommt es beim Genuss des Ewigen auf den Gebrauch des Zeitlichen in der Zeit der Geschichte an oder auf einen Genuss, der erst nach dem Gebrauch des Zeitlichen erfolgen soll oder darf? Ist die Ordnung des Glücks der Genuss des Ewigen im Gebrauch des Zeitlichen – so ist es erinnert (vgl. Kap. 4.2, 4.3) – oder folgt es erst auf die Zeit?

Die Rede von der Aporie des Geschichtlichen und der Dualität seiner Betrachtung führt auf zweierlei Formen der Eschatologie.

6.3 Zweierlei Eschatologie

In der Rede von der *civitas dei* spiegelt sich die Aporie des Geschichtlichen. Sie spiegelt sich natürlich nur dann, wenn man die – gut augustinische – Gewissheit über eine ›Ordnung der Zeiten‹, in der die (außergeschichtliche, geschichtslose und entzeitlichte) Ewigkeit des Glücks oder der Verdammung auf die

Zeit innergeschichtlicher Existenz folgt, nicht mehr als gültiges Vorurteil annimmt. Wie eine Formel durchzieht die These, dass das ›Glück des ewigen Lebens‹ auf die Zeit der Geschichte folge, die 22 Bücher *De civitate dei* von Anfang bis Ende. Nicht in diesem Leben, erst nach ihm vermöge sich das ›Glück des ewigen Lebens‹ zu erfüllen (vgl. z.B. Civ. 6.1). Der Unsicherheit geschichtlicher Existenz steht das ›wahrhaft selige Leben nach dem Tod‹ entgegen. Die christliche Religion stimme mit Plato und dem Platonismus darin überein, dass »wahrhaft glückselig das Leben ist, das nach dem Tod zukünftig (post mortem futura) ist« (Civ. 8.4). Als communis opinio von Platonismus und christlicher Religion – als futurische Eschatologie eines christlich formulierten ›Neuplatonismus fürs Volk‹ – stellt Augustin den Glauben an ein auf dieses Leben folgendes Jenseits des Glücks dar (z.B. Civ. 10.22). Die Welt der Geschichte, der *mundus sensibilis*, sei der Bereich prinzipiellen Mangels – dem das futurisch gedachte Glück als Eschaton entgegensteht. In diesem Leben ist dasjenige, was mehr ist als die Geschichte der *civitas terrena*, die sich als eine Kette ununterbrochenen Unglücks erweist, nicht zu erwarten. Die Geschichte ›dieser‹ Welt – betrachtet man sie im Gegensatz zu der von ihr losgelösten *civitas dei* – ist das Unglück des *mundus sensibilis*. In dieser dem Vorübergehen des Zeitlichen unterliegenden Welt lasse sich Glück mit Grund nicht erwarten. Es sei »dem Spruch Platos« zu folgen, dass alles, was (in diesem Leben) fehlt, durch die Vorsehung und Gnade Gottes nach diesem Leben erfüllt werden könne (vgl. Civ. 10.29). Die Erfüllung des Glücks wird zum Gegenstand jenseitsgerichteter Hoffnung und futurische Eschatologie zu einer Kompensationserscheinung. In diesem Denkmodell, das auf das Unglück der Weltzeit ›diesseits‹ die Erlösung von diesem Unglück in einem Jenseits folgen lässt, tritt an die Stelle des innergeschichtlichen Spannungsverhältnisses zwischen *civitas terrena* und *civitas dei* deren zeitlichen Abfolge. Die Kritik an Geschichte wird durch den Trost einer jenseitsgerichteten Glaubensgewissheit ersetzt. Der Kernpunkt solcher futurischen Eschatologie ist die zeitliche Vorstellung von Ewigkeit – d.h. die Zeit und Ewigkeit verräumlichende Betrachtungsweise, die die Ewigkeit auf die Zeit (und Welt) des Geschichtlichen folgen lässt. Die Zeitlosigkeit der Ewigkeit – Fixpunkt für den *mundus intelligibilis* – und das Vorübergehen des Zeitlichen – Gravitationszentrum im *mundus sensibilis* – fallen dann auseinander. Wenn das ›ewige Leben‹ auf die Weltzeit des Geschichtlichen folgt, dann wird es zum Gegenstand des Glaubens, dessen Methode Hoffnung ist. Verglichen mit dem Eschaton, dass jenseits und futurisch ›Gott alles in allem sein wird‹ (Civ. 19.20), sind die Welt der Geschichte und die Zeit menschlichen Existierens prinzipiell defizient. Wert kommt ihm nur in der Ausrichtung auf ein jenseitig Erwartetes zu. Die Welt der Geschichte und die Zeit individueller Existenz sind Mittel zu einem Zweck, der sich in der Sukzession des Zeitlichen nur jenseits dieser Sukzession erfüllen kann. Sie sind Mittel zu einem Zweck, der auf die Welt des Zeitlichen folgt.

Hoffnung ist die Denkform futurischer Eschatologie, ihr Gegenstand die Auferstehung (die Unsterblichkeit nicht nur der Seele) (vgl. z.B. Civ. 15.18; 20.6/7). ›Jenseits‹ soll die Sukzession des Zeitlichen – die Unwiederholbarkeit individueller Existenz – umgekehrt werden. In einem Leben nach dem Tod soll das Leben beginnen, das keiner zeitlichen Bedingung mehr unterliegt. Der Sinn des Auferstehungstheorems besteht in der paradoxen Hoffnung auf eine Auferstehung auch des Leibes (vgl. Civ. 20.6). Der Gegenstand futurischer Eschatologie – das ›unsterbliche Leben‹, dem der Glaube und die Hoffnung gelten – ist kein bloß intelligibler Gegenstand und erschöpft sich nicht in einer Welt des Intelligiblen. Worauf sich Glaube und Hoffnung richten, ist eine materielle, somatische Unsterblichkeit.[9] Eine nur intelligible bleibt deren bloßes Surrogat.

Zahllos sind die Stellen, an denen Augustin definitorisch verneint, dass das, was Gegenstand der Hoffnung ist, in dieser Weltzeit erfüllt werden könnte. Nicht in diesem Leben wird eine Wirklichkeit erlangen, was als Glück einer jenseitigen Ewigkeit dem Diesseits dieser Weltzeit in seiner Endlichkeit entgegengesetzt erscheint. Solange aber dies ausstehend Zukünftige nur Gegenstand der Hoffnung ist – versteht man unter Hoffnung, dass sie sich auf etwas richtet, was per definitionem noch nicht ist –, erweist sich diese Gewissheit um ein erst Sein-Sollendes mehr als »Trost des Elends denn Freude des Glücks«: »solacium miseriae potius quam gaudium beatitudinis.« (Civ. 19.27) »Wer in der Hoffnung glücklich ist, ist noch nicht glücklich«, heißt es in *De trinitate*: »Sed qui spe beatus est nondum beatus est.« (De trin. XIII.7.10) Gibt es eine Erfahrung des Glücks diesseits seiner Vertagung in Postmortalität und intelligibles Sollen? Gibt es das ›Ende von Zeit‹ in ihr – gleichsam als innere Bestimmung von Zeit selbst: als das schöpferisch Ursprüngliche des anhaltenden Vorübergehens des Zeitlichen (wie das durch Augustins Bestimmung der ›immer stehenden Ewigkeit, aus der alle Zeiten hervorgehen‹, in den *Confessiones* nahe gelegt ist – vgl. Kap. 4.3)? Das Einzige, was auf die Welt des Zeitlichen, die die unumkehrbarer Sukzession ist, folgen kann – will man nicht dem Selbstwiderspruch erliegen, dass auf Zeit als Sukzession Sukzessionslosigkeit ›sukzediert‹ –, ist die Aufhebung der Sukzession des Zeitlichen, d.h. eine Aufhebung von Zeit als Sukzession. Dieses Aufgehobensein der Unumkehrbarkeit der Sukzession des Zeitlichen ist Gegenstand der Hoffnung, in der die *civitas dei* in dieser Weltzeit ›wandert‹. Glück wird zu einem Gegenstand der Sehnsucht, weil es erinnert ist. Gibt es dieses ›Ende von Zeit‹ im Vorübergehen des Zeitlichen?

Die Annahme futurischer Eschatologie ist ein selbstvergessener Ausdruck der präsentischen. In futurischer Eschatologie wird eine Nachholbarkeit desjenigen gedacht, was im ›Leben vor dem Tod‹ versäumt wurde. Lässt sich das Versäumte nicht nachholen, d.h. eignet dem Leben vor dem Tod die Dignität des Unwiederbringlichen, dann kommt es auf dieses Leben vor dem Tod an. Gibt es ein Leben vor dem Tod? Wenn, dann kommt es auf sein innerzeitliches Finden an: auf das präsentische Eschaton innerweltlicher Auferstehung, die eine ›Wiedergeburt‹ zur Unwiederbringlichkeit des eigenen Lebens in der Zeit der Geschichte ist. Diese ›Wiedergeburt‹ ist die Annahme der eigenen Endlichkeit, die der Kondeszendenz Gottes entspricht. Ihr Pendant ist die Denkfigur präsentischer oder proleptischer Eschatologie. »Nur der beende sein Leben gut«, der »wiedergeboren ist, bevor es endet«, schreibt Augustin: »nullus autem vitam, in qua natus est, bene finiet, nisi renatus, antequam finiat.« (*De praesentia Dei* (ep. 187) 10.32) Die Annahme der eigenen Endlichkeit wiederholt, was in der Annahme eines futurischen Eschaton ans Ende der Zeit hinausgeschoben wird, inmitten dieser Zeit der Endlichkeit und Geschichte. Gibt es diese Erfüllung präsentischer Eschatologie – nicht im Sinne antizipierender Hoffnung, sondern dem der Antizipation des Erhofften –, so steht sie nicht nur in Differenz zu dem Denken futurischer Eschatologie. Der Schnittpunkt beider Eschatologien ist die Antizipation der Hoffnung – wenn dies nicht heißt: futurisches Sein-*Sollen*, also definitorische Nicht-Gegenwärtigkeit, sondern: *Gegenwärtigkeit* (nicht zeitliche Dauer) des Erhofften als eines Antizipierten.

Das Denken futurischer Eschatologie orientiert sich an der Zeitvorstellung der Sukzession, durch die wir das Vorübergehen des Zeitlichen ordnen. Das Ende des Vorübergehens des Zeitlichen futurisch zu denken korrespondiert einer Vorstellung, die

die unumkehrbare Sukzession des Zeitlichen zu einem geschichtsphilosophischen Modell macht. Sie schließt die Möglichkeit, dass Zeitliches sich – wir uns in unserer Endlichkeit – in seinem Vorübergehen auf sich selbst bezieht, aus. Sie schließt die Möglichkeit der Erinnerung aus. Erinnerungslos wird Ewigkeit zu einer dem Vorübergehen des Zeitlichen entgegengesetzten Dauer, die als Zukünftiges erwartet wird. Die Dauer des Glücks, gedacht als garantiertes Eschaton und ungefährdetes Futurum, ist in futurischer Eschatologie der Versuch, ›Zeitlosigkeit‹ nach Maßgabe der Dimensionalität von Zeit zu denken – nach Maßgabe einer Dimensionalität, mit der wir die zeitliche Geschichte des Veränderlichen ordnen. Zeitlosigkeit wird gleichsam zu einem Appendix der Zeit des Endlichen und seinem Abgesang gemacht. Gibt es sie inmitten der Zeit? Diese Zeitlosigkeit hätte Zeit selbst und das Vorübergehen des Zeitlichen nicht zum Gegensatz. Das Vorübergehen des Zeitlichen wäre die innerste Voraussetzung jener Zeitlosigkeit – einer Ewigkeit, die nicht nach und in der nicht Zeit, sondern die in der Zeit ist. ›Transzendenz‹ ist nicht der Gegensatz zur ›Immanenz‹ des Spiels der Weltzeit. Gibt es diese vorendzeitliche Ewigkeit – und wir haben sie erinnert –, dann führt das auf einen Begriff von Transzendenz, der sie als Transzendieren und als innerste Bestimmung der Selbsterfahrung des Kreatürlichen begreifbar werden lässt.

Transzendenz und Immanenz gehören zusammen. Da sich eine Ordnung der Zeiten nicht wissen lässt (so Conf. XI.29.39; 31.41; vgl. Kap. 4.3) – und somit auch nicht deren endgültiges Eschaton –, kommt es auf das Bemerken des spielenden Aufgehobenseins der Unumkehrbarkeit geschichtlicher (Lebens-)Zeit an. An einem ›ästhetischen‹ Gebilde, z.B. einem Lied, lässt sich das spielende Aufgehobensein der Unumkehrbarkeit von Zeit erfahren. Gleichsam monadologisch zeigt sich in ästhetischer

Erfahrung die Zusammengehörigkeit von Transzendenz und Immanenz (vgl. Conf. XI.28.38). Dieses Bemerken ›ästhetischer Zeit‹ wird zur wirklich ›existentiellen Zeit‹.[10] Manichäisch ist ein Dualismus, der beide auf gesonderte Sphären verteilt und einander entgegensetzt.

Augustin kommt auf die Innergeschichtlichkeit des eschatologisch Erwarteten in *De civitate dei* verschiedentlich zu sprechen. Diesem Motiv präsentischer oder proleptischer Eschatologie – und damit einer letzten Konsequenz aus der Aporie des Geschichtlichen: die *civitas dei* ist fremd in dieser Weltzeit, weil sie erinnert hat, was sie antizipiert – gelten die folgenden Bemerkungen dieses Kapitels.

Um die Lehre von der ›steten Wiederkehr des Gleichen‹ zu widerlegen, schreibt Augustin in Buch XII, dass »die Philosophen dieser Welt Umläufe der Zeiten angeführt« hätten, »in denen immer dasselbe erneuert und wiederholt werde in der Natur der Dinge, und dass auch fernerhin die Umläufe der kommenden und vorübergehenden Zeitalter ohne Unterbrechung sich fortsetzen würden« (Civ. 12.14). Diesem kosmologischen und geschichtsphilosophischen Modell, in dem Ewigkeit als perpetuum mobile des Immergleichen gedacht wird, hält Augustin die Einzigartigkeit der Erfahrung des Glücks entgegen. Im Gelangen zum Glück geschehe der Seele »etwas Neues in der Zeit, das kein zeitliches Ende hat«: »fit aliquid novi in tempore, quod finem non habet temporis.« (Civ. 12.14) Der mythischen Vorstellung der ›ewigen Wiederkehr des Gleichen‹ wird nicht ein ›Ziel‹ entgegengesetzt, auf das hin Geschichte zulaufe. Der ewigen Wiederkehr des Gleichen – und der Einsicht von Kohelet 1.9 ff., dass ›nichts Neues unter der Sonne‹ geschehe – wird Glück nicht als Ziel, sondern die Einzigartigkeit seiner Erfahrung entgegengehalten. Augustin ›widerlegt‹ die Lehre von der ›ewigen Wiederkehr des Gleichen‹ nicht durch ein heilsgeschichtliches Konkurrenzmodell. Er ›widerlegt‹ sie vielmehr durch das Insistieren darauf, dass das jeweils Neue der Erfahrung des Glücks eine zeitliche Ordnung eigener Art konstituiert. Es ist der Erfahrungsanspruch, dass sich die innergeschichtliche Lebenszeit nicht in endloser Diesselbigkeit erschöpft.

Die Erfahrung des Diskontinuierlichen im Kontinuum der Zeiten sind die Augenblicke der Ewigkeit. Auf sie braucht nicht gewartet zu werden. Die Augenblicke der Ewigkeit – dieses Neue, was der Seele jeweils und immer wieder in der Zeit geschieht – lassen sich erinnern. »Das Zukünftige ist schon gemacht«: »Futura iam facta sunt.« (De trin. V.16.17) Das kann man als zeittheoretischen Nukleus des Prädestinationstheorems verstehen. In einer Ewigkeit ›vor aller Zeit‹ ist der Ausgang alles Zeitlichen vorherbestimmt. Alles, was sich geschichtlich ereignet, ist die zeitliche Wiederkehr dieser ewigen Prädestination. Der Zeitvorstellung nach laufen Augustins Prädestinationstheorem und die Lehre von der ›ewigen Wiederkehr des Gleichen‹ auf dasselbe hinaus. Beide entwerten den Bereich geschichtlichen Daseins und lassen ihn zum Strafbezirk des Immergleichen werden. Er wird zum Inbegriff einer Immanenz, der Transzendenz nicht nur abgesprochen, sondern von der diese ausgeschlossen bleibt. Aber bedeutet der Satz, dass das ›Zukünftige schon gemacht ist‹, nicht auch mehr als bloße Prädestination und ›ewige Wiederkehr‹? Lässt er sich nicht auch so verstehen, dass das, was erst noch ›geschehen soll‹, schon ›vollendet ist‹? Dann ist mit ihm keine Determiniertheit – weder eine prädestinative noch eine zyklische – des geschichtlichen Prozesses wie individueller Existenz behauptet. Vielmehr bringt er die Unwiederbringlichkeit, die individuelle Einzigartigkeit der Lebenszeit in der Geschichte zum Ausdruck. Das Eschaton der Ewigkeit (und Ewigkeit als Eschaton) ist der Zeit der Geschichte gegenüber kein Exclusivum, sondern deren Intensivum.[11] Wenn Ewigkeit nicht eine auf die Zeit folgende Zeit ist: dann gewinnt die Zeit der Geschichte und die Geschichte eines jeden in ihr eine ganz neue und veränderte Bedeutung. Jeder Tag wird dann zum ›jüngsten‹.

Jeder Tag der Geschichte ist der jüngste (»dies novissimus«) eines rückwärtsgewandten Gerichts. Dieser Tag des Gerichts ist der ›Tag der neuesten Zeit‹ (»novissimum tempus«). Er bedeutet jeder Vergangenheit gegenüber eine ›Endzeit‹, die diese entweder ›erlöst‹ (gerechtfertigt) oder ›unerlöst‹ sein lässt. Diese jeweils jüngste und neueste Zeit erfüllt sich schon jetzt – und wird sich erfüllen, wie sich erfüllt hat: »Denn jetzt schon richtet Gott und hat seit Beginn des menschlichen Geschlechts gerichtet.« (Civ. 20.1) ›Jüngster Tag‹ ist eine Metapher für das Urteil, das wir uns selbst – in der und durch die Erinnerung – sprechen. Es sei »eine göttliche Kraft (vis est divina), die bewirkt, dass jedem seine Werke in die Erinnerung gerufen und mit dem Anblick des Geistes wahrgenommen werden, so dass das Wissen das Gewissen entweder beschuldigt oder entschuldigt (accuset vel excuset scientia conscientiam), und so sowohl alle wie jeder Einzelne verurteilt werden. Was durch das Wirken dieser göttlichen Kraft erinnert wird, wird in ihr gleichsam wie in einem Buch gelesen.« (Civ. 20.14) Der ›jüngste Tag‹ ist immer von neuem der des Urteils der Erinnerung. Dieses Urteil – sei es des Dankes des Glücks, sei es der Erkenntnis des Unglücks, das sich selbst Strafe und Verdammung ist – ist jeweils ›das neueste und jüngste‹. Die ›jüngsten Tage des Erinnerns‹ sind die ›Tage des Herrn‹.[12] Ihre Zeitform ist das Futurum der Vergangenheit (vgl. Civ. 20.30). Es sind jene ›Tage‹, in denen wir uns unserer Endlichkeit erinnern und uns die Endlichkeit dieses Erinnerns selbst bewusst wird. Dass wir uns erinnernd auf uns – und sei es das Zukünftige als Futurum der Vergangenheit erinnernd – zu beziehen vermögen, bedeutet nicht, dass dadurch das Vorübergehen des Zeitlichen außer Kraft gesetzt wäre. Alles, was in der Zeit der Geschichte ist und seine Geschichte hat, ist endlich. Das Vorübergehen des Zeitlichen setzt sich fort. Es setzt sich für individuelles Dasein bis zu seinem Ende in der Zeit fort. Wir können in die unausweichliche und jederzeitige Möglichkeit des Todes vorlaufen. Er selbst ist als das endgültige Ende jederzeit gegenwärtig.[13] Wir haben dieses Eschaton erinnert. Dem jüngsten Tag dieses erinnernden Gegenwärtighabens erfüllt sich die Ankunft des Herrn nicht am Ende der Zeit, sondern in der Zeit. Diese ist kein Gegenstand adventistischer Erwartung und ihre Erfüllung kein Ende von Zeit.

Meint Eschatologie das Denken eines Endes des Vorübergehens des Zeitlichen, so erfüllt sich ihr Gegenstand vor dem Ende der Zeit. In Christus wird die Menschwerdung Gottes als innerzeitliche Ankunft exemplarisch geglaubt.[14] Sie geschieht nicht bei einem ›letzten Gericht‹ an einem ›Ende der Zeit‹, auf das noch gewartet werden müsste. Diese Ankunft ist kein Existential Zukünftigkeit. Es kommt auf die Nachfolge des in Christus exemplarisch Geglaubten an. Diese Nachfolge wird zu einem individuellen und innergeschichtlichen Lebensführungsanspruch. Sie zielt gerade nicht auf eine Überwindung der Endlichkeit geschichtlichen Existierens. Sie erfüllt sich in der Annahme der (in der ›Herablassung‹ zur) eigenen Endlichkeit. Deren Geschichte – und der so verstandenen *civitas dei* – ist die der Selbsttranszendenz eines jenseitig Erwarteten. Sie geschieht für Augustin jederzeit und kontinuierlich. Vorweggenommene Eschatologie ist keine Apokalyptik. Das ›Ende dieser Weltzeit‹ ist unbekannt und lässt sich weder berechnen noch chiliastisch überspringen. Vom Chiliasmus (Milliarismus) seiner Jugend grenzt sich Augustin *Civ.* 20.7 ausdrücklich ab. »Vieles, was über das letzte Gericht gesagt wird, erweist sich als zweideutig«, erklärt er und fährt fort, dass es, betrachte man es genauer, mit »etwas anderem zusammenhängt. Es bezieht sich auf jene Ankunft des Erretters, in der er durch diese ganze Zeit hindurch Stück für Stück und allmählich einkehrt«[15]. Was als Heilsgeschehen gedacht wird, erfüllt sich diesseits der Vorstellungen, die von ihm als einem zukünftig Ausstehenden gebildet werden. Die wahrhafte Transzendenz über das Vorübergehen des Zeitlichen im Bereich der Geschichte erweist sich als Transzendenz in diese Weltzeit in ihrer vorläufigen Endlichkeit zurück. Die Rede vom jüngsten Tag und vom letzten Gericht sind Metaphern dieser ›Transzendenz der Transzendenz‹. Geschichte als der Inbegriff des Daseins in der Zeit ist das Worin und die jeweils individuell begrenzte Spanne Zeit für diese Auferstehung zur Endlichkeit. Der Sinn von Eschatologie ist ihre individuelle Erfüllung. Jeder Tag ist gleichsam der jüngste der Notwendigkeit intramundaner Resurrektion.

Im Schluss von *De civitate dei* (22.30) hat Augustin die verschiedenen Aspekte des Eschatologischen miteinander verwoben. Wie er hier das Ende dieser Geschichtszeit denkt, ist prima vista eindeutig futurisch orientiert. Das Aufhören der Sukzession des Zeitlichen, der Endlichkeit des Geschichte, ist nach der Zeit der Geschichte als ›aeternitas futura‹ zu erwarten. Wiederum und gewissermaßen endgültig scheint ein Geschichtsmodell vorgestellt zu werden, das linear gerichtet ist und die ›Heilsgeschichte‹ als Ziel und außerzeitlichen Zweck der Geschichte denkt. Mit der Geburt Christi habe das sechste Weltalter (aetas) begonnen – auf das das ›siebte‹ der Ruhe und das ›achte‹ der Ewigkeit folgen. Doch enthält dieses lineare, den Fortschritt zur Heilsgeschichte gleichsam durch die ununterbrochene Sukzession von Zeit garantiert denkende Weltaltermodell eine Revision in seinem Innersten, wenn es von dem ›sechsten‹ Weltalter heißt, dass es »jetzt geschieht und durch keine Zahl der Geschlechter zu bemessen ist«: »Sexta nunc agitur nullo generationum numero metienda.« (Civ. 22.30) Es ist kein Ziel der Geschichte in einem zeitlichen Sinn, sondern ein Ende, in dem sie sich erfüllt. Es sind unendlich viele Enden, solange die Geschichte des menschlichen Geschlechts andauert. Was ist mit dem ›siebten‹ und ›achten‹ Tag, wenn beide nicht auf die Zeit folgen?

Die Schlusssequenz von *De civitate dei* (22.30) wird vom »Vacate et videte quoniam Deus sum« aus Ps. 46 wie von einem Leitmotiv durchzogen. Die Schlusssequenz von *De civitate dei*, die dem Ende der Geschichte dieser Weltzeit gilt, besteht aus nichts anderem als der erläuternden Variation von Ps. 46.11. Zu dieser Variation des »Vacate et videte quoniam Deus sum« kommt das Motiv vom ›siebten Tag, der wir sein werden‹, hinzu.[16] Es ist – gedacht als futurisches Eschaton – der Tag, der auf die (sechs Tage der) Chronologie der Geschichte der Schöpfung folgt. Es ist – in innerzeitlicher Eschatologie – der Tag der Aufhebung von Chronologie. Nur chronologisch verstanden ist dieser siebte Tag das Ziel eines Fortschritts der Geschichte – eines ›Fortschritts‹, der erst eingetreten ist, hat Geschichte für uns aufgehört. Der ›siebte Tag‹ ist derjenige, in dem sich der ›erste‹ des Ursprungs »zum siebten Mal wiederholt« (Civ. 11.31). In ihm kommt das andauernde Fortschreiten der ›sechs Tage der Schöpfung und Geschichte‹ zur Ruhe. Diese Ruhe ist das Sich-Entsinnen endlicher Kreatur, die aus einem Ursprung hervorgehend (hervorgegangen und hervorgehen werdend) sich begreift. Es ist der ›Tag der Erinnerung‹, dass dies Entspringen des Kreatürlichen, das Hervorgehen des Endlichen das Ursprüngliche selbst ist. Die Ruhe des ›siebten Tages‹ ist selbst nicht mehr *creatura* (vgl. Civ. 11.31). Sie steht nicht in der Reihe des Fortschreitens (Vorübergehens) des kreatürlich Erscheinenden. Sie ist ein Zurückkommen des kreatürlich Erscheinenden (Vorübergehenden) auf sich selbst. Auf das Vergehen des Endlichen zurückkommend – uns seiner zeitlichen Bedingung entsinnend – werden wir aufmerksam darauf, dass das Vergehen des in der

Zeit Erscheinenden die Erscheinung schöpferischer Ewigkeit ist. Die ›Ruhe des siebten Tages ist die Ruhe Gottes in der Schöpfung‹, sagt Augustin. Es ist die Gegenwart des Zurückkommens zur eigenen Endlichkeit ›vor‹ dem Ende von Zeit. Diesem »siebten Tag der Ruhe Gottes, an dem Gott in uns ruht, indem wir in seiner Ruhe ruhen«, gilt das *Vacate et videte* von Ps. 46: ›Werdet leer und still und seht.‹ Der Leere und Stille bedarf es, Gott zu erkennen. ›Leere‹ (Entäußerung) und ›Stille‹ sind Weisen innerzeitlichen Transzendierens und vorendzeitlicher Eschatologie. Das sei am Beispiel der Sprachlichkeit der Schöpfung erläutert. Was wir als Wort Gottes denken, bedient sich der ›Redekunst der Dinge‹, der »eloquentia rerum« (Civ. 11.8). Diese ›Redekunst der Dinge‹ ist die »Gestalt ihrer Veränderlichkeit«. Sie ist stumm: stillschweigend-beredt.[17] Diese stillschweigende Redekunst der Dinge – der Geschichte, die sie sind und die sie ›sagen‹, d.h. stumm bedeuten[18] – will erhört werden. Das ›Vacate‹ ist die Aufgeschlossenheit zu dieser Stille. Das stillschweigende Wort der schöpferischen Ewigkeit Gottes bedarf der Sprache. Es ist die Stille, die immer von neuem übersetzt werden muss. Was diese Stille übersetzt, *ist* umgekehrt ›Sprache‹.

›Seid still und werdet leer uns seht, dass ich Gott bin.‹ Dies Leerwerden zur Stille wie das sehende Erkennen sind keine futurischen Gegenstände. Es sind innerzeitlich zu wiederholende Akte der Aufmerksamkeit. Durch sie hindurch vollzieht sich für uns in der Zeit der Geschichte das Erkennen Gottes. In Buch IX der *Confessiones* stellt Augustin den entscheidenden Umkehrpunkt in seiner Biographie – die Aufgabe des erlernten Berufs eines Rhetors, den er auf den »Märkten der Geschwätzigkeit« ausgeübt hatte – unter das Motto des *Vacate et videte* von Ps. 46.11. Es ist Teil einer vorendzeitlichen Lebensgeschichte. *Vacare et videre* ist gleichsam die Methode innergeschichtlicher Eschatologie. Die Stille des Leerwerdens *ist* der ›siebte Tag‹ der

Ruhe Gottes. In ihm ist gegenwärtig, was der Hoffnung zum Eschaton eines Aufhörens von Geschichte wird. Das *Vacate et videte* gilt der vorendzeitlichen Wirklichkeit des als Eschaton Gedachten. Es ist der ›siebte Tag‹, in dem das Vorübergehen des Zeitlichen in diesem Vorübergehen selbst, dessen Name Geschichte ist und das wir als Geschichte erzählen, aufhört. »Gottes voll werden wir dann sein, wenn er selbst alles in allem sein wird«, zitiert Augustin die eschatologische Erwartung von 1 Kor. 15.28 mehrfach. Die ›Ruhe‹ dieses ›Sehens Gottes‹ ist die Ruhe unseres Sehens Gottes. Es ist *visio dei* in Form der *visio rei*: ein Erblicken des Sehens Gottes im Augenblick der Dinge. ›Werdet leer und seht, dass ich Gott bin.‹ Das ist nicht nur jener siebte Tag, der wir am ›Ende der Zeit sein werden‹. Dort wird der Hoffnung nach vollendet, was jetzt den vorübergehenden Charakter präsentischer Eschatologie hat – ›dort‹ denkt Augustin die Zeitlosigkeit einer Dauer, die keines Erinnerns mehr bedarf. Das ›werdet leer und seht, dass ich Gott bin‹ richtet sich nicht nur auf dies Futurum, das keine Geschichte mehr kennt. Es ist auch und gerade der ›siebte Tag‹ sich erfüllender Zeit in dieser selbst. In ihm endet das unaufhörliche Vorübergehen des Zeitlichen für uns – vorübergehend – schon in der Zeit. Es sind die Augenblicke erfüllter Zeit, in denen Zeit selbst sich wendet.

›Nach‹ dem unbekannten Ende dieser Weltzeit – nach dem unbekannten Ende eines jeden Lebenszeitspielraums – folgt der ›siebte Tag der Ruhe Gottes‹. Futurisch gedacht folgt er auf die in die Zukunft wie von der Zukunft her offene Geschichte. Es ist ein der Formulierung nach – und hält man sich an die Vorstellung, dass Zeit unumkehrbare Sukzession ist – zukünftiges Eschaton. Dieser »siebte Tag werden wir selber sein«: »Dies septimus nos ipsi erimus.« (Civ. 22.30) Wohl am Ende der Zeit und im Aufhören von Geschichte und mit dem Beginn eines ›neuen Himmels und einer neuen Erde‹. Das ist seine futurische Bedeutung und visionärer Glauben. Aber der siebte Tag ist der sich wiederholende erste. Wir haben ihn erinnert. Trotz des Unglücks selbstverursachter Verschuldung, dessen Geschichte ›Geschichte‹ ist, haben wir nicht die »voluntas felicitatis«, den ›Wunsch nach Glückseligkeit‹ verloren. Die Not des Geschichtlichen ist noch nicht das Urteil, das sich selbst zum Unglück verdammt. Wie die Geschichte des Unglücks gibt es die Erinnerung des Glücks.[19] Aus beidem setzt sich, was wir als Geschichte zu erzählen haben, zusammen.

Die Konstruktion einer Dauer des Glücks in einem zeitentrückten Jenseits der Geschichte ist ein ebenso schlechter Trost, wie der Glaube an die endlose Wiederkehr des Immergleichen Resignation bedeutet. Glaube wie Resignation sind Formen futurischer Eschatologie. Die Flucht aus der Zeit sowohl wie die Flucht in Zeitlosigkeit sind, wie erwähnt, ›mehr Trost des Elends denn Freude des Glücks‹. Dem Glauben verschiebt sich das Eschaton des Glücks in die Zukunft, die Resignation zieht sich aus diesem Glauben zurück und denkt das Futurum ohne Eschaton. Präsentische Eschatologie ist die Denkform der Gegenwärtigkeit dieses Zukünftigen. Die Augenblicke sich wendender Zeit führen aus der Zeit der Geschichte nicht hinaus. Sie befreien von deren Notwendigkeit nicht. Aber sie lassen sich erinnern und erzählen und gegebenenfalls wiederholen. Ihre Geschichte ist die innerweltlichen Transzendierens. Augustin erzählt sie als Geschichte der *civitas dei* und verbindet sie mit der Vorstellung einer geschichtsentrückten Transzendenz. Daran dürfte wahr sein, dass wirklicher Fortschritt in der Geschichte einzig darin besteht, dass seine Notwendigkeit aufgehört hat.[20] Nicht zuletzt das ist eine der Aporien des Geschichtlichen, die Augustin mit *De civitate dei* gewiss nicht löst, aber benennt und jeder Gegenwart zur Selbstprüfung anheimstellt.

7. Stichworte zur Fortwirkung

Die Originalität von Augustins Denken gründet darin, dass in ihm ein Epochenschnitt seine Sprache findet. Es führt die Brüche, Widersprüche und Scheinsynthesen vor Augen, die der Geschichte europäischen Denkens zugrunde liegen – und in den Substrukturen seiner Identität nach wie vor präsent sind. Als Ausdruck einer Epochenschwelle markiert es die Unruhe, in der die Erklärungsmächtigkeit tradierter Deutungsmuster kultureller Selbstverständigung zugrunde geht. Sie taugten nicht mehr zur Beruhigung. Dieser Originalität widerspricht die durch Augustin gleichfalls tradierte und vielleicht sogar stärker traditionsmächtig gewordene strikte Autoritätsgläubigkeit.[1] Letztere ist Ausdruck und Konsequenz der Verhärtungen in seinem Denken, die den ›Tagespolitiker‹ Augustin einen leidlich dunklen Schatten haben werfen lassen – so, wenn der späte Augustin sein frühes Lob der Gewaltlosigkeit kassiert und der Wundergläubigkeit, die er an den vorchristlichen Kulten kritisiert hatte, wieder das Wort redet.[2]

Die Fortwirkung Augustins ist vergleichbar der Platons oder Kants. Bei den folgenden Stichworten zu dieser Fortwirkung gilt das Augenmerk nicht den traditionellen Themen, die sich mit Augustin verbinden – seiner ›Illuminationstheorie‹ etwa, die in die Tradition der Lichtmetaphysik gehört und (um nur wenige Namen zu nennen) über Johannes Scottus Eriugena, Grosseteste und Bonaventura bis zu Nikolaus von Kues ein Leitmotiv mittelalterlichen Denkens bleibt – oder der Gnaden- und Prädestinationslehre mit ihrer vielfältigen Rezeption nicht zuletzt z.B. bei Luther. Hingewiesen werden soll vielmehr auf Denkanstöße und Denkmodelle, die Augustins Werk durchgängig zum Anlass haben werden lassen, ›mit Augustin über Augustin hinauszugehen‹. Diese Einführung beschränkt sich dabei auf Aspekte der mittelalterlichen Rezeption und Fortentwicklung augustinscher Denkmotive. Auf den Widerhall seines Denkens bei Kierkegaard oder Nietzsche einzugehen – der unter dem manifest augustinschen Motiv erfolgt, dass »der Philosophie zu spotten (moquer de la philosophie) wahrhaft zu philosophieren heißt (c'est vrai philosopher)« (Pascal) – würde ihren Rahmen sprengen.

Von Augustins Werk her tradiert sich – und das ist gerade wegen der erwähnten Verhärtungen nicht hoch genug zu veranschlagen – ein gleichsam methodisches Postulat der Rationalität. Es ist eine ›anti-arationale‹, sozusagen aufklärerische Haltung. Der Sache nach hat die *ratio* den Vorrang (vgl. De ord. II.9.26; De lib. arb. I.4.10; II.2.5; De vera rel. 24.45). An diesem Rationalitätspostulat wird Augustin – zumindest, was seine Gotteslehre angeht – festhalten. Glauben ist nicht Wissen: *Deshalb* hat die *ratio* methodische Priorität. Wo keine *scientia* ist, kann auf keine Weise *sapientia* sein (so De trin. XV.6.10). ›Glaube‹ ist nicht Gegensatz, sondern Grund der Suche nach Einsicht. Er ist die Motivation, Einsicht zu wollen. »Fides enim non est quod creditur, sed qua creditur.« (De trin. XIV.8.11) Einprägsam formuliert Augustin: »Der Glaube sucht, die Einsicht findet« – »Fides quaerit, intellectus invenit.« (De trin. XV.2.2) Anselm von Canterbury hat dieses Postulat ›aufklärerischer‹ Rationalität programmatisch übernommen. Jene Schrift, in der das Argument entfaltet wird, das als ›ontologischer Gottesbeweis‹ Geschichte gemacht hat, sollte ursprünglich die augustinsche Überschrift seiner Methode tragen: »Fides quaerens intellectum«. Anselms »sola ratione« ist ein Denkprogramm in der Tradition Augustins.[3]

Augustins Trinitätslehre ist ein nächster Denkanstoß. Der Gedanke der Trinität ist der methodische Widerspruch substanzontologischer Konzepte und der ihnen entsprechenden Kategorienlehren (vgl. Kap. 5.1). »Gott wird missbräuchlich Substanz« genannt (vgl. De trin. VII.5.10). Das impliziert eine radikale Aufwertung der Kategorie der *Relation*. Das ›Substantielle‹ der Trinität ist Beziehung. Diese – bei Augustin nahe gelegte[4] – Konsequenz wird Johannes Scottus Eriugena ziehen. Das Wesen des Substantiellen ist Beziehung: »In ipsa vera ΟΥΣΙΑ relatio est [...].«[5] Das gilt gerade auch für die Wahrnehmung von Natur als *creatura*. Die (in der Zeit) erscheinende Kreatur und (Ewigkeit als) ihr schöpferischer Grund gehören zusammen. Eriugena extrapoliert diesen durch Augustin grundgelegten Gedanken und verbindet ihn mit Motiven, die er von Dionysius Pseudo-Areopagita übernimmt. ›Natur‹ ist der Name für einen prozessualen Zusammenhang. Es ist der allgemeine Name für »alles, was ist und was nicht ist«[6]. ›Sein‹ und ›Werden‹ gehören zusammen. Das Sein des Schöpfers ist relativ zum Werden der Schöpfung. Das ›esse creatoris‹ zeigt sich (schöpferisch) im ›Werden‹ (Vorübergehen) von Natur. Das ›Sein‹ Gottes ist nichts Veränderliches, weil es das ›Ist‹ des Veränderlichen selbst ist, notiert Augustin: »non aliquo modo est, sed est est.« (Conf. XIII.31.46) Eriugena wird daraus die Konsequenz ziehen, die Augustin in *De civitate dei* mit einer Frage nahe legt, von deren Beantwortung er sagt, dass sie »über seine Kräfte« gehe (vgl. Civ. 12.16). Die Antwort auf die rhetorische Frage – »Gott war also nicht, ehe er alles schuf?« – lautet knapp: »Non erat.«[7] Was wir als Ewigkeit erinnern, ist nicht vor oder außer der Zeit schöpferisch, sondern in ihr. Sie erscheint schöpferisch, indem das Vorübergehen des Veränderlichen anhält. Damit ist – ausgehend von der trinitarischen Selbstreflexion des Geistes – der Gedanke der ›creatio continua‹ nahe gelegt. Er lässt die Schöpfungswirklichkeit zur Erscheinung eines dynamischen Prozessganzen werden – bis hin zum antizipierten Ende »dieses Himmels und dieser Erde«. Nicht »durch völligen Untergang wird diese Welt vergehen«, sondern »durch Veränderung der Dinge«. Die »Gestalt vergeht, nicht die Natur« deutet Augustin 1 Kor. 7.31: »figura praeterit, non natura.« (Civ. 20.14)

Ein nächster Punkt betrifft die Bedeutung Augustins für die Sprachphilosophie. Seine Überlegungen zum ›inneren Wort‹ (vgl. Kap. 5.3) bilden ein Zentrum seiner Trinitätsspekulation und begründen die vom Prolog des Johannesevangeliums ausgehende ›Logosmetaphysik‹. Sprache ist Übersetzung und ihr Prinzip Entsprechung. Sie ist Übersetzung des Anspruchs desjenigen, was wir als schöpferisches Gotteswort – als »das Wort, das im Anfang war« – denken. Konkrete Sprache ist Übersetzung und Entsprechung einer Sprachlichkeit, als die das schöpferische Wort Gottes ›ausgesprochen‹ oder – wie es bei Tauler heißen wird – »ausgeschwiegen« ist.[8] Es ist die »Redekunst der Dinge«, die sich uns stillschweigend bedeuten (vgl. Civ. 11.4; 11.18) und der Übersetzung bedürfen.[9] In diesem Verständnis von Sprache als Entsprechung und Übersetzung begründet sich die abendländische Tradition des Denkens der Sprache. Sie setzt sich von Augustin über Eckhart von Hochheim (Meister Eckhart), Nikolaus v. Kues, Jacob Böhme, J.G. Hamann bis ins 20. Jahrhundert – zu W. Benjamin etwa oder L. Wittgenstein – fort. Aber nicht nur im Sinne sich selbst säkularisierender Logosmetaphysik markiert Augustin in der Geschichte des Denkens der Sprache einen Epochenschnitt. Augustin ›entdeckt‹ auch, dass Sprache kein – der konkreten Äußerungsformen eigentlich gar nicht bedürfender – Austausch von Formeln ist. Er entdeckt den ›Zeichencharakter‹ von Sprache.[10] Mit (oder in) den Zeichen der Sprache verfügen wir über keine (außer- oder idealsprachlich etwa gegebenen) ›Bedeutungen‹. Vielmehr gelingt

›Verstehen‹ dann, wenn uns Zeichen (z.B. sprachlicher Art) bedeutsam (sinnvoll) werden. Sprache ist nicht Informationsaustausch, sondern – für Sprecher und Hörer – ›Medium‹ von Erinnerungsarbeit. Verstehen heißt, dass wir zu verstehen suchen, was uns Zeichen jeweils bedeuten, d.h. zu verstehen geben.

Das Denken der Trinität ist der ›Funken der Vernunft‹ in uns, der uns dies Denken als ›Bild Gottes‹ – das wir nach Gen. 1.26 sind – erinnern oder begreifen lässt. Zwischen der Trinität, die wir als Gott denken und als schöpferische Ewigkeit erinnern, und dem Denken der Trinität ist nur dies Denken selbst. Es ist die »scintilla rationis in qua factus est (homo) ad imaginem dei« (Civ. 22.24). Meister Eckhart greift dieses augustinsche Denkmotiv nicht nur mit der Übersetzung »vünkelin der vernünfticheit« für »scintilla rationis« auf. In der Predigt *Intravit Jesus in quoddam castellum* heißt es, dass dies »vünkelin« so »ledig und frei« ist, »wie Gott ledig und frei in sich selbst ist«[11]. Die *scintilla rationis*, durch die wir zum Bild Gottes geschaffen uns denken, vermag zu realisieren, wovon wir sie als Bild und inwiefern wir sie als Grund des tätigen Geistes denken. Im Genitiv ›Denken Gottes‹ ist Gott Objekt und Subjekt. Gott ist die Vernunft, die im Erkennen ihrer selbst lebt, d.h. im Erkennen seiner selbst sich selbst in sich selbst erkennt. Denken der Trinität ist die Reflexion der konkreten Einheit von göttlicher und menschlicher Natur. Die Augenblicke, in denen diese Einheit bewusst wird, sind die der ›Gottesgeburt‹. Diese geschieht in der »abgründigeren Tiefe unserer Erinnerung« bzw. dem »Verborgenen des Geistes«, dem »abditum mentis« (De trin. XIV.7.9; vgl. Kap. 5.2). Dies ›Verborgene‹ ist nichts A- oder Supra-Rationales, sondern etwas Intrarationales: es ist das »vünkelin der vernünfticheit« – der ›Seelengrund im Gemüt‹ oder der ›Grund im Bewusstsein‹.[12] In den Augenblicken, in denen dieser Grund im Bewusstsein selbst bewusst und erkannt wird, erfüllt sich nicht nur die Erkenntnis der Vernunft Gottes, sondern auch Zeit. In ihnen erscheint, was in der Zeit ist, in der Ursprünglichkeit seiner kreativen Gegenwärtigkeit. Heißt es von der Ewigkeit Gottes, von der alles erschaffen wird und aus der alles hervorläuft, dass sie ›heute‹ ist (vgl. Conf. XI.11.13; 13.16), so folgerte daraus schon Eriugena den sowohl kreationslogischen wie erkenntnistheoretischen Grundsatz: »Alles ist nämlich im Augenblick des Auges gemacht.«[13] Daran schließt Meister Eckhart in der Predigt über *Quasi stella matutina* an: »Nehme ich [...] das *Nun*, so begreift das alle Zeit in sich. Das Nun, in dem Gott die Welt erschuf, das ist dieser Zeit so nahe wie das Nun, in dem ich jetzt spreche, und der jüngste Tag ist diesem Nun so nahe wie der Tag, der gestern war.«[14] In zeittheoretischer wie kreationslogischer und nicht zuletzt geschichtsphilosophischer Abbreviatur zieht Eckhart hier die Grundeinsichten der *Confessiones* und von *De civitate dei* zusammen. Der ›jüngste Tag‹ der Ewigkeit Gottes ist ›heute‹. Es ist der ›jüngste Tag der Erinnerung‹ (vgl. Kap. 4.3; 6.3).[15]

Das ›Heute der Ewigkeit Gottes‹ bedeutet ein Zurückkommen zur eigenen Endlichkeit und fordert deren Annahme. »Wohin wollt ihr noch aufsteigen, da das göttliche Wort zu euch selbst herabgestiegen ist?«, rekapituliert Augustin *Conf.* IV.12.19. Dieses Denkmotiv der (Kon-)deszendenz und Reszendenz Gottes hat Johannes Tauler in der Krisenzeit des 14. Jahrhunderts, die als Epochenschwelle der Epoche Augustins entspricht, mit aller Entschiedenheit betont. Es gibt keine ›Erlösung‹ von Zeit und Endlichkeit. Vielmehr kommt es auf jeden Augenblick in der Zeit an: ›ewig‹ das ist ›jeweils heute‹. Dieser ›Akut‹ des Gegenwärtigen wird zum Modus alltagsgesättigter Eschatologie und bedingt keinen ›Aufstieg‹ über alle Kreatur und Zeit hinaus, sondern erfüllt sich in vorendzeitlicher, intramundaner Auferstehung zu dieser Endlichkeit. »Niemand solle sich seines ewigen Lebens wegen in Zweifel lassen«, so Tauler in der Predigt *Qui mihi ministrat.* Er fährt fort: »was man jetzt versäumt, wird einem nie mehr zuteil, was wir jetzt versäumen, das haben wir für immer versäumt.«[16] Es kommt darauf an, das Postulat der Nachfolge von Phil. 3.12, das Augustin am Ende von *Conf.* XI in die Aufmerksamkeit auf das Gegenwärtige umdeutet, und das »Werdet leer und seht, dass ich Gott bin«, mit dem er die Geschichtsbetrachtung von *De civitate dei* schließt, lebensgeschichtlich zu realisieren.[17] Es handelt sich dabei um eine nicht allein ›lesemeisterliche‹, sondern gerade auch ›lebemeisterliche‹ Kunst der Transzendenz ins Diesseits.[18] Es ist die Kunst einer ›Gelassenheit in der Ungelassenheit‹, die es zu üben gilt, solange wir in der Zeit sind.[19]

Die Kunst der Transzendenz ins Diesseits ist der Grund der ›Schönheit‹ – das, was Schönheit im Grunde bedeutet. Die Augenblicke der Ewigkeit wollen – im Hinblick auf das Sehen formuliert – erblickt, sie wollen – denkt man an das Hören – erhört werden. »Die durch deinen Geist sehen, was in der Zeit erscheint, in denen bist du es, der sieht«, heißt es am Ende der *Confessiones* (XIII.31.46). Die Rede vom ›zeitlichen Sehen Gottes‹ bedeutet, dass es gedacht wird als dasjenige, was Gesehenwerden und Kennengelerntwerden ›macht‹: »ad tempus videre et cognoscere dicitur, quod videri et cognosci facit.« (Civ. 16.5) Eckhart folgert daraus: »Das Auge, in dem ich Gott sehe, das ist dasselbe Auge, darin mich Gott sieht; mein Auge und Gottes Auge, das ist *ein* Auge und *ein* Sehen und *ein* Erkennen und *ein* Lieben.«[20] Resümiert wird damit ein gewiss nicht auf Augustin allein zurückgehendes, aber von ihm entscheidend mitgeprägtes Theorem.[21] Die *visio dei* konkretisiert die Überlegungen zur Relation von Ewigkeit und Zeit (Kap. 4.3) sowie zu den Weisen vorendzeitlicher Eschatologie (vgl. Kap. 6.3). Das ›Sehen Gottes‹ sind die Augenblicke, in denen ›Sehen‹ und ›Gesehenwerden‹ koinzidieren, heißt es bei Nikolaus v. Kues, der Augustins Formel der »docta ignorantia«, des ›wissenden Nichtwissens‹, programmatisch übernommen hat. Er hat darüber hinaus die geisttheoretischen wie bewusstseinsphilosophischen Kerne von Augustins Trinitätsspekulation – die Deutung der *memoria* als Grund des Bewusstseins und die Lehre vom ›inneren Wort‹ (vgl. Kap. 5.2, 5.3) – im Übergang zur Neuzeit logisch präzisiert und zum Maßstab nachfolgender Bewusstseinstheorie wie Sprachphilosophie gemacht.[22] Doch zurück zur *visio dei*: ›Das Auge, in dem ich Gott sehe, das ist dasselbe Auge, darin mich Gott sieht‹, hieß es bei Eckhart: »Nam ibi es, ubi [...] videre coincidit cum videri et audire cum audiri [...]«, expliziert Nikolaus v. Kues.[23] Was hier *visio dei* im Sinne des genitivus obiectivus und subiectivus heißt, ist die Kunst – und Gunst – des Glücks, das Augustin, wie erwähnt, der einzige Grund des Philosophierens ist (Civ. 19.1; Conf. X.20.29-26.37).

Die erinnerten und sich wiederholen wollenden Winke des Glücks – die Augenblicke der Sinnevidenz, in denen sich erfüllt, was als »pulchritudo tam antiqua et tam nova« geliebt wird – sind keine Erlösung von Zeit. Das Glück der Aufhebung von Zeit ist für endliche Wesen transitorisch. Es ist im Innersten zeitlich. Dies lässt sich als Gegenstand theoretischer Einsicht formulieren ebenso wie die Einsicht, dass es selbst kein Gegenstand theoretischer Konstruktionen mehr ist. »Wir fühlen, dass, selbst wenn alle *möglichen* wissenschaftlichen Fragen beantwortet sind, unsere Lebensprobleme noch gar nicht berührt sind.«[24] Diese Einsicht mag beunruhigen. Sie ist ein zutiefst augustinsches Denkmotiv. Mit ihm soll die Einführung in sein Denken schließen.

Nachwort

Diese ursprünglich 1995 bei Campus erschienene Einführung wurde für die Neuauflage 2005 im Junius Verlag grundlegend überarbeitet und ergänzt. Diese Überarbeitungen hatten das Ziel, die Konturen von Augustins Werk und die Bedeutung, die ihm in bewusstseinsgeschichtlicher wie in sachthematischer Hinsicht – gerade auch zu Beginn des 21. Jahrhunderts – zukommt, zu präzisieren. Die Neuauflage von 2005 ist erneut durchgesehen und, wo es angezeigt schien, ergänzt worden.

In Augustins Werk dokumentiert sich einer der entscheidenden Paradigmenwechsel in der Geschichte europäischen Denkens. Die grundlegenden Fragen, die dabei thematisch werden, haben nichts von ihrer Relevanz und diagnostischen Bezugsaktualität verloren. Sie lassen Augustinus immer von neuem zum Gesprächspartner werden und verleihen seinem Werk den Rang, aber vielleicht mehr noch den Reiz, den es hat. Es gilt die Problemstellungen, die bei Augustinus zur Sprache finden, bewusst zu machen und bewusst zu halten. Dies zu tun ist Absicht wie Zweck dieser nunmehr in ergänzter Neuauflage vorliegenden Einführung.

Anmerkungen

1. Einleitung

1 In *De haeresibus* spricht Augustin 428/29 im Rückblick von 88 schismatischen oder häretischen Gruppierungen innerhalb der Kirche seiner Zeit.

2 In der Zeittafel im Anhang wird auf einige Realia dieser epochalen Zäsur hingewiesen. Zum geschichtlichen Kontext vgl. F.G. Maier, Die Verwandlung der Mittelmeerwelt (=Fischer Weltgeschichte Bd. 9), Frankfurt/M. 1968 u.ö.; A. Demandt, Geschichte der Spätantike. Das Römische Reich von Diocletian bis Justinian, München [2]2008; J. Martin, Spätantike und Völkerwanderung, München 2001; M. Fuhrmann, Rom in der Spätantike. Porträt einer Epoche, Düsseldorf/Zürich [3]1998. Zum ideengeschichtlichen Kontext vgl. auch E.R. Dodds, Heiden und Christen in einem Zeitalter der Angst, übers. v. H. Fink-Eitel, Frankfurt/M. 1985.

3 Zur Biographie vgl. P. Brown, Augustinus von Hippo. Eine Biographie. Erw. Neuausgabe, aus dem Englischen v. J. Bernard u. W. Kampmann, München 2000.

4 Zu weiteren biographischen und bibliographischen Angaben sowie zu Angaben zum literatur- wie epochengeschichtlichen Kontext vgl.: W. Geerlings, Augustinus. Leben und Werk. Eine bibliographische Einführung, Paderborn 2002, und T. Fuhrer, Augustinus, Darmstadt 2004.

5 Als Erkenntnis der Ewigkeit in der Zeit wird die Erinnerung des Augenblicks der Schönheit zur Erkenntnis und Erinnerung Gottes. Vgl. J. Kreuzer, PULCHRITUDO – Vom Erkennen Gottes bei Augustin. Bemerkungen zu den Büchern IX, X und XI der Confessiones, München 1995.

6 Zu den traditionellen Themen des ›Augustinismus‹ und seiner Wirkungsgeschichte vgl. Art. »Augustin/Augustinismus«, in: G. Krause/G.

Müller (u.a.), Theologische Realenzyklopädie IV, Berlin/New York 1979, 646-723 Augustin-Handbuch, hrsg. v. V.H. Drecoll, Tübingen 2007, 592-645.

2. Ausgangspunkte

1 Vgl. Conf. III.6.10; 11.20; IV.1.1; V.6.10. – Der Manichäismus ist Teil der Gnosis und formuliert ein religiös-synkretistisches Erlösungsangebot.
2 »Et quaerebam, unde malum, et male quaerebam et in ipsa inquisitione non videbam malum.« (Conf. VII.5.7)
3 Der späte Augustin wird mit dem den manichäischen Prinzipiendualismus überwindenden Theorem von der Willensfreiheit große Schwierigkeiten haben: Vgl. Retract. I.13.5. Die Überwindung des Manichäismus bleibt eine kurze Phase nicht-dualistischen Denkens in seinem Werk. Es kehrt in der Prädestinationslehre mit aller Macht wieder.
4 Vgl. Plotin, Enneade I.6.8.1 ff.
5 Der Bezug zum descartschen ›Cogito ergo sum‹ liegt auf der Hand und ist auch immer wieder hergestellt worden.
6 Augustin vergleicht die Erscheinung der »divina ars« mit der Dichtkunst – denkt also bei *ars* nicht nur an (kunst-)handwerkliche Fertigkeiten, sondern auch an die Verskunst als Paradigma von ›Schöpfung‹ (vgl. De vera rel. 22.42).
7 Diese antimanichäische – auf Gen. 1.4-31 zurückgehende – These nicht der Affirmation, sondern der Bejahung des kreatürlich Erscheinenden durchzieht Augustins Werk von Anfang bis Ende (vgl. De vera rel. 11.21; De diversis quaestionibus LXXXIII, q. 21/24; De trin. XI.5.8; Civ. 10.14; 12.5; Retract. II.9).
8 Augustin nennt diejenigen, die sich »vom Leben ab- und dem Tod zuneigen«, »nihili homines« (vgl. De vera rel. 11.20). Das dürfte der Ursprungsort des Terminus Nihilisten sein.
9 Der junge Augustin nahm Platons Mythos der Präexistenz der Seele (vgl. Menon 81e-86c, Phaidon 72c-77b, Phaidros 248e-249c) buchstäblich – vgl. Soliloquia 2.35; ep. 7; De quantitate animae 20.34; Retract. I.4.4; 8.2.
10 Vgl. De diversis quaestionibus LXXXIII, q. 57.2.

11 Vgl. Kritik der reinen Vernunft, Vom Schematismus der reinen Verstandesbegriffe; Kritik der Urteilskraft, § 17.

12 ›Berühren‹ (attingere) ist gleichsam ein platonischer Terminus technicus. Er geht auf Platon, Symposion 212a, zurück. Augustin verwendet ihn an exponierter Stelle Conf. IX.10.25.

3. Erbsünde, Prädestination und Gnade

1 «In cuius quaestionis solutione laboratum est quidem pro libero arbitrio voluntatis humanae; sed vicit Dei gratia.« (Retract. II.1.1)

2 Zum Terminus ›Logik des Terrors‹ vgl. Augustin selbst (Conf. XI.2.2; XII.25.34). Zur biographischen Krise vgl. P. Brown, Augustinus von Hippo, a.a.O. (insbes. 126-183).

3 Zum Terminus ›Logik des Schreckens‹ vgl. K. Flasch, Logik des Schreckens. Augustinus von Hippo: Die Gnadenlehre von 397. Lat.-Dt., übers. v. W. Schäfer, hrsg. u. erkl. v. K. Flasch, Mainz [2]1995.

4 Vgl. ebd., 262.

5 Der durch das Ineinander von Erbsünde, Prädestination und Gnade imaginierte Denkraum ist dem der Figuren Kafkas – insbesondere im *Prozeß* – sehr ähnlich.

6 Diese Verdammung stellt eine Inversion des neuplatonisch inspirierten Panästhetizismus dar, dem Augustin nach seiner Abkehr von den Manichäern gefolgt war. Die Antagonismen menschlicher Existenz lassen sich nicht harmonisieren, weil diese in toto verdammt ist.

7 Vgl. K. Flasch, Logik des Schreckens, a.a.O, 119.

8 Der ›Sieg‹ der Gnade bei Augustin gehört in den Übergang, den Hegel in der *Phänomenologie des Geistes* an ›Stoizismus, Skeptizismus und dem unglücklichen Bewußtsein‹ diagnostiziert hat.

4. Selbsterkenntnis als Gotteserkenntnis: *Confessiones*

1 Gerade die *Confessiones* enthalten als Preisbekenntnis der Gnade mehrfach die literarische Rekonstruktion der ›Berührung des Göttli-

chen‹, der Augenblicke der Selbsteinsicht, vgl. z.B. IV.12.16; VII.10.16; 17.23; IX.10.24-26; X.40.65; XI.13.16.

2 »Plotinus never gossiped with the One.« (E.R. Dodds, Augustine's Confessions. A Study of spiritual Maladjustment, in: Hibbert Journal 26 (1927/28), 471.

3 Das »Id ipsum« von Ps. 4,9 und 121,3 ist der eigentliche Gottesname bei Augustin: »Idipsum [...] deus est [...].« (De trin. III.2.8; vgl. auch Enarratio in Ps. 121.5). Mit dem »Id ipsum« von Ps. 4.9 markiert Augustin den entscheidenden Wendepunkt seiner Lebensgeschichte (vgl. Conf. IX.4.11).

4 Die Gefährdung durch die Schwermut der *languores* bildet ein untergründiges Motiv der *Confessiones*. In der Schwermut unversöhnten Erinnerns erfährt sich individuelles Bewußtsein als sein eigener Abgrund.

5 »(Deus) tecum est talis, qualis fueris. Bonus, si bonus fueris; et malus tibi videbitur, si malus fueris [...]. Ibi habes iudicem in secreto tuo. [...] ille corde tuo interior est. Quocumque ergo fugeris, ibi est. Teipsum quo fugies? Nonne quocumque fugeris, te sequeris? Quando autem et teipso interior est, non est quo fugias a Deo irato, nisi ad Deum placatum: prorsus non est quo fugias.« (En. in Ps. 74.9, CCL 39, Turnhout 1956, 1031)

6 Zum Ganzen vgl. ausführlicher J. Kreuzer, Pulchritudo (vgl. Kap. 1, Anm. 5). Sowohl Kap. 4.2 wie Kap. 4.3 dieser Einführung fassen die Ergebnisse des dort Ausgeführten zusammen.

7 Vgl. Conf. X.33.50; 36.58-59.

8 Augustin nennt – und tabuisiert damit – als Sorgen die Begierlichkeit der Augen (voluptas oculorum), dann seine sexuellen Nöte, auch Essen und Trinken, schließlich die »eitle und vorwitzige Begierde, die sich mit dem Namen Erkenntnis und Wissenschaft bemäntelt«. ›Krankhafte‹ Neugier (curiositas) sei die Erforschung der außermenschlichen Natur, die als »völlig unnützes Wissen« (X.35.55) mit dem Bann des beinahe Sündhaften belegt wird.

9 »da quod iubes et iube quod vis« (Conf. X.29.40; 31.45; 37.60)

10 Mit diesem Aspekt der Memoria-Analyse reformuliert Augustin den *Enthousiasmós* göttlicher Begeisterung, der den sachlichen Kern von Platons Anamnesis-Theorem bildet, vgl. insbes. Phaidros 249c-250d.

11 Im Vermögen der Erinnerung gründet das Denken: »in memoria est cogitandi modus.« (De trin. XI.8.14) Denken (cogitare bzw. cogitatio) ist seinem Wortsinn nach ein ›Sammeln‹ (colligere) und ›Zusammen-

bringen‹ (cogere) von zeitlich Verschiedenem, das im Raum des Gedächtnisses ›zerstreut‹ ist (vgl. Conf. X.11.18; De trin. XI.3.6).

12 Augustins »non oblitum« in Buch X der Confessiones entspricht Platons Rede von der ›Wahrheit‹ als ›alētheia‹ (vgl. Symposion 212a, Phaidros 250a-d, Politeia 515c).

13 Vgl. De mus. VI.8.20. – Von diesem »Ich weiß nicht was« (Je ne sais quoi) heißt es in einer Psalmerläuterung: »Und nenne es, wie immer du magst, es ist nicht, wie du es nennst, es läßt sich kein geeigneter Name finden, es bleibt nicht in einem Namen« (vgl. En. in Ps. 35.15). Weil es in keinem Namen bleibt, bedarf es der Formen der Äußerung, vgl. Conf. I.5.5: »Erbarme Dich, daß ich rede.«

14 Diesem Begehren fügt er in Buch XIII unter Hinweis auf Röm. 1.20 die Erläuterung hinzu, dass es darum gehe, »die zeitliche Natur/die Natur des Zeitlichen so weit zu erforschen, als es genügt, damit durch das, was geschaffen ist, die Ewigkeit begriffen ist und erblickt wird«: »tantum explorans temporalem naturam, quantum sufficit, ut per ea, quae facta sunt, intellecta conspiciatur aeternitas.« (Conf. XIII.21.31)

15 Von diesem Gedankending wird Kierkegaard sagen, dass es die Parodie auf das Ewige ist (vgl. Der Begriff Angst, 3. Kapitel).

16 »at ego in tempora dissilui quorum ordinem nescio [...].« (Conf. XI.29.39)

17 Vgl. J.F. Callahan: Four views of time in ancient philosophy, Cambridge/Mass. 1948.

18 Wittgenstein hat den zentralen Punkt in Augustins Frage nach der Zeit zutreffend charakterisiert: »Wir wollen etwas verstehen, was schon offen vor unseren Augen liegt. Denn das scheinen wir in irgendeinem Sinne nicht zu verstehen. – Augustinus (Conf. XI/14) [...]. – Das, was man weiß, wenn uns niemand fragt, aber nicht mehr weiß, wenn wir es erklären sollen, ist etwas, worauf man sich besinnen muß. (Und offenbar etwas, worauf man sich aus irgendeinem Grunde schwer besinnt).« (L. Wittgenstein, Philosophische Untersuchungen I, § 89) ›Sich-Besinnen‹ ist der zeitliche Sinn der Erinnerung. Wäre Zeit nicht vergangen, müssten wir uns auf Vergangenes nicht besinnen. Das Vermögen der Erinnerung ist der Schlüssel zum ›verwickelten Rätsel der Zeit‹, dessen verborgene Lösung in der Sprache ›offen vor unseren Augen‹ liegt.

19 »(N)ec tempora sunt tria, praeteritum, praesens et futurum, sed fortasse proprie dicitur: tempora sunt tria, praesens de praeteritis, praesens de praesentibus, praesens de futuris.« (Conf. XI.20.26)

20 »Duplum temporis habet haec syllaba ad illam simplam brevem. Dicimus haec et audimus haec et intellegimur et intellegimus. Manifestissima et usitatissima sunt, et eadem rursus nimis latent et nova est inventio eorum.« (Conf. XI.22.28)

21 Vgl. Plotin, Enneade III.7.11,41.

22 Augustin hat mehrfach das Buch *Genesis* kommentiert – am ausführlichsten in den zwölf Büchern *De genesi ad litteram.*

23 Diese wichtige Ergänzung, dass »der Lauf der Natur, die Flüchtigkeit der Zeiten Zeugnis für den Schöpfer« ablegt, formuliert Augustin in der Enarratio in Ps. 118, s. 27.1: »cursus frequens [...] naturae, quo temporum rapacitas volvitur, [...] testimonium prohibet Creatori.« (En. in Ps. 118, s. 27.1, CCL 40, 1756/57)

24 Dieses ›Jetzt‹ ist natürlich kein Zeitpunkt und keine Zeitstelle. Ihm entspricht, was Platon mit dem atopischen Wesen des Augenblicks bestimmt hat (vgl. die folg. Anm.).

25 Das »raptim« der Zeit- und Ewigkeitsanalyse in Buch XI der Confessiones (vgl. auch VII.17.23; IX.10.24/25) entspricht dem exaíphnēs bei Platon (vgl. Kratylos 396d; Symposion 210e, 212c; Politeia 515c, 516c; Parmenides 156d-e; Ep. 7, 341c/d).

26 Die Erinnerung ist der Grund der Zeiterfahrung. Es ist nicht zufällig, daß E. Husserl seine Analyse(n) der Zeit mit einem Hinweis auf Augustin beginnt. Vgl. Zur Phänomenologie des inneren Zeitbewußtseins (1893-1917), hg. v. R. Boehm, Den Haag 1966.

27 Vgl. XI.29.39. – Zur Umdeutung von Phil. 3.13, die Augustin hier vornimmt, vgl. J. Kreuzer, Pulchritudo, a.a.O., 210-215.

28 Conf. XI.29.39 .

29 Vgl. De civitate dei 13.10. – Augustin wird hier zum Vorbild für M. Heideggers Analyse(n) der »Geschichtlichkeit des Daseins«, die in ihr »die Bedingung der Möglichkeit und Notwendigkeit der alltäglichen Zeiterfahrung« aufdeckt (vgl. die § 65, 66 von *Sein und Zeit*).

30 Weil »unsere Jahre dann alle sein (werden), wenn sie nicht mehr sein werden« (XI.13.16), beginnt Augustin Conf. XI mit dem Bekenntnis, dass ihm, um das Ganze seiner Lebensgeschichte zu erzählen, zu

kostbar die Tropfen der Zeit sind: »Et si sufficio haec enuntiare ex ordine, caro mihi valent stillae temporum.« (XI.2.2)

5. Trinitätslehre als Theorie des Geistes: *De trinitate*

1 Vgl. De trin. VII.6.12; IX.1.1; 2.2; X.12.19; XII.6.7; XV.7.11; 26.45. Die knappe Definition »Deus=trinitas« durchzieht Augustins Werk von früh (vgl. z.B. De vera rel. 18.35) bis spät (vgl. Retract. II.15.1).

2 Vgl. G.W.F. Hegel, Vorlesungen über die Geschichte der Philosophie des Mittelalters. Philosophie des Mittelalters (Theorie-Werkausgabe Bd. 19), Frankfurt/M. 1971, 493-495, 506.

3 »Inventio [...] quid aliud resonat nisi quia invenire est in id venire quod quaeritur?« (De trin. X.7.10)

4 Darauf, dass der Gedanke der Geschöpflichkeit des Ebenbildes, das der Mensch ist, und der unhintergehbaren Differenz zwischen Schöpfer und Geschöpf die Freiheitsdimension von Selbstbestimmung offenhält, kann hier nur hingewiesen werden.

5 »[...] magna prorsus inopia humanum laborat eloquium. Dictum est tamen tres personae non ut illud diceretur sed ne taceretur.« (De trin. V.9.10) »[...] loquendi necessitate [...] haec vocabula [...] opus [est].« (De trin. VII.4.9)

6 Zur Bezugnahme auf Marius Victorinus vgl. Conf. VIII.2.3 (und auch Civ. 10.29); auf Porphyrios vgl. Civ. 10.23 ff. – Zum Ganzen vgl. Marius Victorinus, Christlicher Platonismus. Die Theologischen Schriften des Marius Victorinus, übers. v. P. Hadot u. U. Brenke, eingel. u. erl. v. P. Hadot, Zürich/Stuttgart 1967.

7 Vgl. Anm. 1.

8 Zu diesem Streit, in dem Marius Victorinus die philosophischen Argumente gegen die Arianer formulierte, vgl. P. Hadot, Einleitung zu: Marius Victorinus, Christlicher Platonismus, a.a.O.

9 Da der Arianismus die Religion der christianisierten Germanen war, verlor er seine Wirkmächtigkeit, in der innertheologische Fragen unmittelbar politische Konsequenzen hatten – vgl. nur das Schicksal des 524 n.Chr. hingerichteten Boethius – erst nach dem Untergang der Vandalen (533) und Ostgoten (552) sowie der Bekehrung der Westgo-

ten (587) und der Langobarden im 7. Jahrhundert (vgl. Art. »Arianismus« in: Der Kleine Pauly, Bd. 1, München 1979, 545-46).

10 Vgl. exemplarisch Plotins Enneade V.3.

11 Plotin insistiert hier auf der strikten Negation der ersten Hypothesis von Platons Parmenides, die dem Einen jedes Sein abspricht.

12 Proklos wird diesem neuplatonischen Selbstentzweiungstheorem mit der Trias von »monē proodos/odoi – epistrophē« seine klassische Formulierung geben.

13 Vgl. Conf. XIII.11.12. – Dem entspricht in *De trinitate* die Rede von der »simplex multiplicitas vel multiplex simplicitas« (vgl. De trin. VI.4.6).

14 Zum »id ipsum« als dem eigentlichen Gottesnamen bei Augustinus vgl. Kap. 4, Anm. 3.

15 Vgl. De vera religione 55.113. – Zum »unum principale« als »trinitas creatrix« vgl. De vera rel. 7.13; 43.81.

16 Das gewissheitssichernde Argument »Si enim fallor, sum.« (Civ. 11.26) findet sich vorformuliert in *De vera rel.* 39.73 (vgl. Kap. 2, Anm. 5) und in *De lib. arb.* II.3.7, wo Augustin zugleich eine Art Gottesbeweis daraus folgert.

17 Vgl. De trin. IX.2.2; X.12.19.

18 »Durch die Liebe, die aus Gott und Gott ist, wohnt die ganze Trinität in uns.« (De trin. XV.18.32; vgl. VIII.7.10; XV.17.31; 19.37) Erkennen, was Liebe ist, ist ein Erkennen, was Gott ist – das steht im Hintergrund von Augustins Imperativ: »Liebe und tue, was du willst!« – »Dilige et quod vis fac [...]!« (In ep. Joannis ad Parth., PL 35, 2033; vgl. auch die Enarratio in Ps. 121.11-12)

19 Vgl. Conf. X.11.18. Zu Augustins etymologischer Explikation (der »cogitatio«) des Denkens als eines »Zusammenbringens des zeithaft in der Erinnerung Zerstreuten« vgl. Kap. 4, Anm. 11.

20 »soni per moras temporis transeuntis numerositas comprehendatur sine tempore stans in quodam secreto altoque silentio.« (De trin. XII.14.23)

21 »Sicut [...] in arcana quadam notitia sunt recondita, quae memoria nuncupatur.« (De trin. XIV.6.8); »Hinc admonemur esse nobis in abdito mentis quarundam rerum quasdam notitias.« (XIV.7.9). Zur »abstrusior profunditas memoriae« als »memoria principalis« vgl. De trin. XV.21.40/41. Augustins Rede vom *abditum mentis* und der *scintilla ra-*

tionis (vgl. Civ. 22.24) ist zur Quelle der Lehre vom »Seelengrund« und der »Gottesgeburt in der Seele« bei Eckhart von Hochheim und Tauler geworden (vgl. Kap. 7).

22 Anselm v. Canterbury wird deshalb im Kap. 48 des *Monologion* die göttliche Trinität komplett von der *memoria* her begreifen. Und Nikolaus v. Kues erklärt mit dem ›Erinnern des Erinnerns‹, was griechisch Logos heißt (vgl. De aequalitate, Nr. 21.).

23 »Cum igitur disserimus de natura mentis humanae, de una quadam re disserimus [...]. Itaque cum in ea quaerimus trinitatem, in tota quaerimus non separantes actionem rationalem in temporalibus a contemplatione aeternorum ut tertium aliquid quaeramus quo trinitas impleatur. Sed in tota natura mentis ita trinitatem reperiri opus est ut [...] in una nusquam dispertita mente trinitas inveniatur.« (De trin. XII.4.4)

24 In einem Brief nennt Augustin diese im ›wissenden Nichtwissen‹ gründende Aufgeschlossenheit »docta ignorantia« (vgl. Brief an Proba, ep. 130, PL 33, 505).

25 Vgl. De trin. V.4.5; V.8.9; XV.5.8.

26 Subjektzentriert ist die Auffassung des Geistes in *De magistro*, wo unter Hinweis auf Mt. 6.6 von den »penetralia mentis« die Rede ist (vgl. De mag. 1.2; 8). In den *Confessiones* zeigt Augustin, dass so weder begriffen werden kann, was Geist, noch was Erinnern ist. »Der Geist ist zu eng, um sich selbst zu haben.«: »animus ad habendem se ipsum angustus est.« (Conf. X.8.15) Von dem »ego interior [...] ego, ego animus« heißt es: »Transibo et istam vim meam et venio in campos [...] memoriae [...].« (Conf. X.6.9; 7.11; 8.12). Vgl. Kap. 4.2

27 Zum »decus consociandorum animorum in uocibus notis audiendis atque reddendis« vgl. De trin. X.1.2.

28 Was hier über Sprache gesagt wird, lässt sich auf alle Notationsformen übertragen, in denen das ›Innere‹ des Geistes objektiviert wird.

29 Wittgenstein hat Recht, wenn er zu dieser Auffassung von Sprache bemerkt, dass es »die Vorstellung einer primitiveren Sprache als der unsern« ist (Philosophische Untersuchungen, § 2).

30 In das problemlose Funktionieren von Sprache hat Augustin selbst Zweifel gesetzt und entdeckt, dass die Zeichen der Sprache nicht einfach sprachfreie ›Bedeutungen‹ transportieren: vgl. De magistro, insbes. 10.35 ff. – Vgl. T. Borsche, Macht und Ohnmacht der Wörter. An-

merkungen zu Augustins ›De magistro‹, In: Sprachphilosophie in Antike und Mittelalter, hg. v. B. Mojsisch, Amsterdam 1986; J. Kreuzer, Was verstehen wir, wenn wir verstehen? Augustinus über Orakel, innere Wörter und die Zierde der Verstehensgemeinschaft, in: Philosophisches Jahrbuch 111. Jg. (2004).

31 In Ioannis Evangelium Tractatus, 40.5.

32 »Nam si nos referamus ad interiorem mentis memoriam qua sui meminit (...), videbitur quidem imago illius trinitatis et ad solam memoriam pertinere. Sed quia ibi verbum esse sine cogitatione non potest (cogitamus enim omne quod dicimus etiam illo interiore verbo quod ad nullius gentis pertinet linguam), in tribus potius illis imago ista cognoscitur, memoria scilicet, intellegentia, voluntate.« (De trin. XIV.7.10)

6. Die Aporie des Geschichtlichen: *De civitate dei*

1 Zum »magnum opus et arduum« vgl. Civ. 1 (Praef.). Die »civitas dei« ist ›Bürgerschaft‹: »res populi« (vgl. Civ. 2.21).

2 Vgl. Civ. 1.35-36; 2.2-4; 10.32; Retract. II.43.1-2.

3 Doch weist Augustins Geschichtsbetrachtung in *De civitate dei* auf das Paradigma neuzeitlicher Geschichtsphilosophie – Giovanni Battista Vicos *Principi di una scienza nuova d'intorno alla communa natura delle nazioni* (dt., Prinzipien einer neuen Wissenschaft über die gemeinsame Natur der Völker, übers. v. V. Hösle u. Chr. Jermann, Hamburg 1990) – voraus. Vico wird sich auf Augustins Unterscheidung zwischen »poetischer (mythischer), philosophischer (natürlicher) und staatsrechtlicher (ziviler) Theologie« (vgl. Civ. 4.27; 6.5; 6.12) berufen können.

4 K. Löwith – Weltgeschichte und Heilsgeschehen, Stuttgart 1967 (u.ö.) – unterstellte Augustin eine ›lineare‹ Geschichtsauffassung. E.A. Schmidt kritisiert diese Unterstellung zu Recht, vgl. Zeit und Geschichte bei Augustin, Heidelberg 1985.

5 Natürlich soll beim Verständnis der Apologie der *civitas dei* als einer Apologie der Kritik nicht die gleichsam fundamentalistische Unduldsamkeit verschwiegen werden, die Civ. 10.32 durchdringt: Ohne die christliche Religion »wurde niemand befreit, wird niemand befreit und wird niemand befreit werden«.

6 Vgl. dazu E. Bloch, Das Prinzip Hoffnung, Frankfurt/M. 1959. Bloch beruft sich mehrfach auf Augustins Geschichtsbetrachtung in *De civitate dei*, vgl. ebd., 582 ff., 1000 ff.

7 Gewiß taucht das Motiv der Rechtfertigung der geschichtlichen Malaise durch den Glauben an eine ›im Ganzen gütige Vorsehung‹ auch auf, etwa wenn es heißt, daß ›manches in der Schöpfung nur deshalb missfalle, weil man das Ganze nicht kenne‹ (Civ. 16.8). Es handelt sich bei dieser ästhetisierenden Theo- bzw. Kosmodizee (vgl. z.B. auch Civ. 11.18; 11.23; 11.29; 12.4-5) um einen Nachklang der harmonisierenden Weltsicht des ›Platonikers‹ Augustin, der z.B. in *De musica* von einem harmonischen »Lied der Gesamtheit der Welt«, einem »carmen universitatis« (De mus. VI.11.29) spricht. Diese ästhetisch harmonisierende Weltsicht, die individuelles Dasein zum Material einer ›insgesamt gütigen‹ Weltordnung (vgl. Conf. VII.13.19) degradiert, ist Augustin im Schrecken der Erbsünden-, Prädestinations- und Gnadenlehre zugrunde gegangen (vgl. Kap. 3).

8 Dieses, wenn man so will, epikuräische – vgl. Conf. VI.16.26 – Denkmotiv formuliert Augustin bereits in *De vera religione*. Er hält dort unter Berufung auf Psalm 46.11 fest, dass den »elenden Freunden dieser Welt nichts mühsamer erscheint, als nicht zu arbeiten«: »nihil eis sit laboriosius quam non laborare.« (De vera rel. 35.65) Der Vielgeschäftigkeit einer ontologisierten Not der Arbeit hält Augustin die ›Ruhe des Denkens‹ entgegen. ›Ruhe‹ und ›Stille‹ sind Weisen innergeschichtlicher (vorendzeitlicher) Gotteserkenntnis. Sie entsprechen dem »Sorge nicht« von Matth. 6.25-34. Die ›Ruhe der Stille‹ wird »gegen die Vielgeschäftigen verkündet« (vgl. En. in Ps. 70.I.18). Augustin kommt auf das »Vacate et videte quoniam ego sum Deus« am Ende der Geschichtsbetrachtung in *De civitate dei* zurück. Dort denkt er die Ruhe der Stille als Ermöglichungsgrund ›präsentischer Eschatologie‹ (vgl. Kap. 6.3).

9 Die Sehnsucht nach einer Resurrektion auch des Leibes ist ein im Kern materialistisches Denkmotiv (vgl. Th.W. Adorno, Negative Dialektik, Frankfurt/M. 1966, 205). Nur durch die Zugehörigkeit auch des Leibes wird so etwas wie individuelle Wiederaufstehung denkmöglich. Die Paradoxie dieser Sehnsucht – die im Wissen der Unmöglichkeit ihrer Erfüllung gründet – unterscheidet die christliche Hoff-

nung auf Unsterblichkeit von deren noetischem Surrogat im Platonismus (vgl. Civ. 10.29; 22.25-28).

10 Vgl. den Erklärungsgehalt, den Augustin der Erfahrung ästhetisch erfüllter Zeit – insbesondere am Beispiel Musik – zumißt (vgl. die Hinweise in Kap. 2 und 4.3).

11 Vgl. P. Ricœur, Zeit und Erzählung, Bd. I, Zeit und historische Erzählung, aus dem Franz. v. R. Rochlitz, München 1988, 16, 52/53.

12 Erinnerung ist als die Kategorie des Messianischen zu begreifen: vgl. W. Benjamin, Über den Begriff der Geschichte.

13 Gerade Augustin hat das mit allem Pathos betont. Das Leben ist ein »Lauf zum Tod« (»cursus ad mortem«, Civ. 13.10). Einzig »der Tod ist auf dieser Erde gewiß. Geboren bist du; sicher ist, dass du sterben wirst«, heißt es in der Enarratio in Ps. 38.19. Zur Rezeption dieses Gedankens des ›Vorlaufens in den Tod‹ vgl. M. Heidegger, Sein und Zeit, § 46-53.

14 Zum Glauben an die exemplarische Menschwerdung Gottes in Christus vgl. z.B. Conf. X.43.68; En. in Ps. 70.II.10.

15 »Multa [...], quae de ultimo iudicio ita dici videntur, ut diligenter considerata reperiantur ambigua vel magis ad aliud pertinentia, sive scilicet ad eum Salvatoris adventum, quo per totum hoc tempus [...] particulatim atque paulatim (venit).« (Civ. 20.5)

16 »Das ist eine Art Transzendenz, die, wenn sie im Menschen durchgebrochen ist, zugleich gegen Augustins Abrede, den Willen erregt, selber den Durchbruch vollzogen zu haben.« (E. Bloch, Das Prinzip Hoffnung, a.a.O., 590)

17 »(M)undus ipse [...] quodam modo tacitus et factum se esse et non nisi a Deo ineffabiliter atque invisibiliter [...] fieri se potuisse proclamat.« (Civ. 11.4)

18 »Vox quaedam est mutae terrae, species terrae. Adtende et vides eius speciem.« (En. in Ps. 144.13, CCL 40, 2098)

19 »Die Ordnung des Profanen hat sich aufzurichten an der Ordnung des Glücks.« (W. Benjamin, Theologisch-politisches Fragment, in: Ges. Schriften II.1, Frankfurt/M. 1977, 203)

20 »Insofern ließe sich sagen, der Fortschritt ereigne sich dort, wo er endet.« (Th. W. Adorno, Fortschritt, in: Stichworte, Kritische Modelle 2, Frankfurt/M. 1969, 37)

7. Stichworte zur Fortwirkung

1 »Es ist eine unheimliche Atmosphäre [...] der Verschleierungen und Umkehrungen, die durch die christlichen Gehalte wie keine andere gehen. Augustin hat sie als erster durchschaut.« (K. Jaspers, Augustin, München 1976, 84)

2 Zur Apologie der Gewaltlosigkeit vgl. De vera rel. 16.30 und zur Zurücknahme dieser Apologie der Gewaltlosigkeit vgl. Retract. I.13.6. Zur Kritik an der Wundergläubigkeit, derer die christliche Religion nicht mehr bedürfe, da sie sich von religiösen Kulten unterscheide, vgl. De vera rel. 25.47 und Conf. X.35.55. Zur Wiederkehr der Wundergläubigkeit vgl. Retract. I.13.7 und Civ. 21.1-11; 22.5; 22.8.

3 Vgl. Anselm v. Canterbury, Monologion, Kap. 1; Proslogion (Prooem).

4 Vgl. z.B. De trin. III.8.18; V.4.5; 5.6; 8.9; V.11.12; 13.14; VII.1.2; 3.4 sowie die Bücher V und VII von *De trinitate* insgesamt.

5 Johannes Scottus Eriugena, Periphyseon (De divisione naturae) I, PL 122, 471 D.

6 »Est igitur natura generale nomen [...] omnium quae sunt et quae non sunt.« (Ebd., 441 A)

7 Ebd., 517 C.

8 Vgl. Johannes Tauler, Predigten, hg. v. F. Vetter, Dublin/Zürich 1968, 401.

9 Vgl. Kap. 6, Anm. 16, 17.

10 Dies geschieht vor allem in *De magistro* (vgl. Kap. 5, Anm. 26-30).

11 Vgl. Meister Eckhart, Pr. 37 Vir meus servus tuus, in: Werke, hg. u. komm. v. N. Largier, Frankfurt/M. 1993, Bd. I, 398, 402; Pr. 2 Intravit Jesus in quoddam castellum, ebd. 34/35.

12 Augustins Trinitätsspekulation ist nicht nur vom Wort Spekulation her (vgl. Kap. 5.1) der Ausgangspunkt für jenes ›in seinen Grund gehende‹ Denken, das Hegel das spekulative nennen wird. Im spekulativen Denken erfüllt sich die Selbstreflexion der Trinität.

13 »Omnia enim in momento oculi facta sunt.« Periphyseon (De divisione naturae) III, PL 122, 699 C.

14 Eckhart, Pr. 9, a.a.O. (wie Anm. 11), 104-106.

15 Diesen Gedanken hat im 20. Jahrhundert W. Benjamin aufgegriffen. Präsentische Eschatologie bedeutet, dass jeder der »gelebten Augenblicke [...] zu einer citation à l'ordre du jour (wird) – welcher Tag eben

der jüngste ist.« (W. Benjamin, Über den Begriff der Geschichte, These III)

16 Zum ›Heute‹ als der ›Ewigkeit Gottes‹ vgl. Johannes Tauler, Predigten, I/II, übertr. u. hg. v. G. Hofmann, Einsiedeln [3]1987, Pr. 68, 527; Pr. 72, ebd., 560/61; zum »was wir jetzt versäumen« vgl. Pr. 39, ebd., 294

17 »Welches Ding immer aufnehmen soll, das muss jeglichen Dinges leer, ledig und los sein«, heißt es in einer Tauler zugeschriebenen Predigt unter Berufung auf Augustin (vgl. Pr. 1 Puer natus est nobis, ebd., 16: »avertere, ut convertaris; funde, ut implearis.« (En. in Ps. 30.II.s.III.11; vgl. auch Conf. III.6.11; IV.12.18)

18 Zur Rede für die ›Lebemeister‹ vgl. Tauler, Pr. 51, a.a.O., 389. Ein »lebmeister« ist »ein meister in der führung des lebens«, »lesemeister« eine quasi berufsständische Bezeichnung für einen »lehrer der theologie oder philosophie« (vgl. Art. »lebmeister« und »lesemeister« in: Grimmsches Wörterbuch (ND München 1984, Bd. 12, 469, 773). Kant wird in diesem Zusammenhang vom Welt- und vom Schulbegriff der Philosophie sprechen: vgl. Philosophie nach dem Schulbegriffe und nach dem Weltbegriffe betrachtet, in: Logik (Jäsche).

19 Zur ›Gelassenheit in der Ungelassenheit‹ vgl. Tauler, Pr. 25, a.a.O., 171; Pr. 32, ebd., 227, Pr. 72, ebd., 556; zur Alltäglichkeit präsentischer Eschatologie als einer ›Auferstehung‹ zur Endlichkeit vgl. Pr. 1, ebd., 14; Pr. 47, ebd., 361-363; Pr. 73, ebd., 567. – Über Tauler z.B. vollzieht sich unterhalb der ›hohen‹ philosophischen bzw. theologischen Rezeption und Tradition entscheidender Denkmotive Augustins deren lebensweltlich-alltägliche Fortwirkung. Sie reicht über Tauler und über den Pietismus bis in die Entstehungsphase des Deutschen Idealismus hinein. Deshalb wird sie hier erwähnt.

20 Meister Eckhart, Pr. 12 Qui audit me, in: Werke, a.a.O., I, 148.

21 Vgl. J. Kreuzer, Der Raum des Sehens, in: ders., Gestalten mittelalterlicher Philosophie, München 2000.

22 Vgl. insbes. die Schrift *De aequalitate*.

23 Nikolaus v. Kues, De visione dei, Kap. X.

24 L. Wittgenstein, Logisch-Philosophische Abhandlung (Tractatus logico-philosophicus) 6.52.

Literatur

Die Angaben verstehen sich als Hinweise. Das gilt insbesondere für die Angaben unter d). Eine ausführliche Literatur-Datenbank findet sich unter: www.augustinus.de

a) Ausgaben

Patrologia Latina, ed. J.P. Migne, Bde. 32-47, Paris 1841-1849. (PL)

Corpus Scriptorum Ecclesiasticorm Latinorum, Wien 1887 ff. (CSEL)

Corpus Christianorum. Series Latina, Turnhout 1954 ff. (CCL), darin: De civitate dei (CCL 47/48); Confessiones (CCL 27); Enarrationes in Psalmos (CCL 38/39/40); De trinitate (CCL 50/50A); De vera religione (CCL 32)

Corpus Augustinianum Gissense (CAG), ed. C. Mayer (1996), CD mit dem lemmatisierten Text aller augustinischen u. ps.augustinischen Schriften sowie Bibliographie.

b) Übersetzungen

Bibliothek der Kirchenväter: Des heiligen Kirchenvaters Aurelius Augustinus ausgewählte Schriften, Kempten/München 1911 ff.

Bibliothèque augustinienne. Œuvre de saint Augustin, Paris 1947 ff.

Augustinus, Opera – Werke, Krit. Gesamtausgabe, hg. v. W. Geerlings u.a. (geplant ca. 130 Bde.), Paderborn u.a. 2002 ff.

Einzelübersetzungen:

Vom Gottesstaat, übers. v. W. Thimme, mit einer Einf. v. C. Andresen, München 1977 (u.ö.).

Confessiones/Bekenntnisse, übers., hrsg. u. komm. v. K. Flasch u. B. Mojsisch, Stuttgart 2009.

Die christliche Bildung (De doctrina christiana), Übers., Anm. u. Nachw. v. K. Pollmann, Stuttgart 2002.
Über die Psalmen, ausgew. u. übertr. v. H.U. v. Balthasar, Einsiedeln ²1983.
De magistro – Über den Lehrer, lat.-dt., übers. u. hg. v. B. Mojsisch, Stuttgart 1998.
De musica, Bücher I u. VI., lat.-dt., eingel., übers. u. mit Anm. vers. v. F. Hentschel, Hamburg 2002.
Logik des Schreckens. Augustinus von Hippo, Die Gnadenlehre von 397, Lat.-Dt., übers. v. W. Schäfer, hg. u. erklärt v. K. Flasch, 2., verb. Aufl. mit einem Nachw., Mainz 1995.
St. Augustinus, der Lehrer der Gnade. Lat.-dt. Gesamtausgabe seiner antipelagianischen Schriften, hg. v. S. Kopp u.a., Würzburg 1955 ff.
De trinitate (Bücher VIII-XI, XIV-XV, Anhang: Buch V), Lat.-Dt., übers. u. mit Einl. hg. v. J. Kreuzer, Hamburg 2001.
De utilitate credendi (Über den Nutzen des Glaubens), übers. u. eingel. v. A. Hoffmann, Freiburg i.Br. (u.a.) 1992 (=Fontes Christiani 9).
Von der wahren Religion, in: Theologische Frühschriften, übers. u. erl. v. W. Thimme, Zürich 1962 (= mit einem Nachw. v. K. Flasch, Stuttgart 1983).

c) Hilfsmittel

Andresen, C., Bibliographia Augustiniana, Darmstadt ²1973.
Augustiniana. Tijdschrift voor de studie van S. Augustinus en de Augustijnerorde, Löwen 1951 ff.
Augustinian Studies, Villanova 1970 ff.
Augustinus-Lexikon, hg. v. C. Mayer u.a., Basel/Stuttgart 1986 ff.
Altaner, B./Stuiber, A., Patrologie. Leben, Schriften und Lehre der Kirchenväter, Freiburg/Basel/Wien ⁷1966.
Campenhausen, H. von, Lateinische Kirchenväter, Stuttgart u.a. ⁶1986.
V.H. Drecoll (Hg.), Augustin-Handbuch. Person – Werk – Wirkung, Tübingen 2007.
Fuhrer, T., Augustinus, Darmstadt 2004.
Geerlings, W., Augustinus. Leben und Werk. Eine bibliographische Einführung, Paderborn u.a. 2002.

Historisches Wörterbuch der Philosophie, hg. v. J. Ritter u. K. Gründer, Basel 1971 ff.

Der Kleine Pauly, Lexikon der Antike, ND München 1979.

Recherches Augustiniennes, Paris 1958 ff.

Revue des Etudes Augustiniennes, Paris 1955 ff. (mit ›Bulletin augustinien‹: jährliche Bibliographie der Neuerscheinungen)

Stump., E./Kretzmann, N., The Cambridge Companion to Augustine, Cambridge 2000.

d) Über Augustinus

Adorno, Th.W., Fortschritt, in: Stichworte. Kritische Modelle 2, Frankfurt/M. 1969.

Angehrn, E., Geschichtsphilosophie, Stuttgart 1991.

Augustinus Magister. Congrès international augustinien, 3 Bde., Paris 1954.

Beierwaltes, W., Zu Augustins Metaphysik der Sprache, in: Augustinian Studies 2 (1971).

Ders., Aequalitas numerosa. Zu Augustins Begriff des Schönen, in: Wissenschaft und Weisheit 38 (1975).

Ders., Identität und Differenz, Frankfurt/M. 1980.

Ders., Regio Beatitudinis. Zu Augustins Begriff des glückseligen Lebens, Heidelberg 1981.

Benz, E., Marius Victorinus und die Entwicklung der abendländischen Willensmetaphysik, Stuttgart 1932.

Berlinger, R., Augustins dialogische Metaphysik, Frankfurt/M. 1962.

Blumenberg, H., Augustins Anteil an der Geschichte des Begriffs der theoretischen Neugierde, in: Recherches des Etudes Augustiniennes 7 (1961).

Borsche, T., Macht und Ohnmacht der Wörter. Bemerkungen zu Augustins ›De magistro‹, in: B. Mojsisch (Hg.), Sprachphilosophie in Antike und Mittelalter, Amsterdam 1986.

Ders., Was etwas ist: Fragen nach der Wahrheit der Bedeutung bei Platon, Augustin, Nikolaus von Kues und Nietzsche, München 1990.

Brachtendorf, J., Die Struktur des menschlichen Geistes nach Augustinus. Selbstreflexion und Erkenntnis Gottes in »De trinitate«, Hamburg 1999.

Ders. (Hg.), Gott und sein Bild. Augustins De trinitate im Spiegel gegenwärtiger Forschung, Paderborn u.a. 2000.
Brown, P., Augustinus von Hippo. Eine Biographie. Erw. Neuausgabe, aus dem Engl. v. J. Bernard u. W. Kumpmann, München ²2000.
Ders., Religion and Society in the Age of St. Augustine, London 1972.
Dodds, J.R., Heiden und Christen in einem Zeitalter der Angst, aus dem Engl. v. H. Fink-Eitel, Frankfurt/M. 1985.
Drecoll, V.H., Die Entstehung der Gnadenlehre Augustins, Tübingen 1999.
Fischer, N., Augustins Philosophie der Endlichkeit. Zur systematischen Entfaltung seines Denkens aus der Geschichte der Chorismos-Problematik, Bonn 1987.
Ders., Aurelius Augustinus, Was ist Zeit? (Confessiones XI), Hamburg 2000.
Ders./C. Mayer (Hg.), Die Confessiones des Augustinus von Hippo. Einführung und Interpretation zu den dreizehn Büchern, Freiburg 1998.
Flasch, K., Augustin – Eine Einführung in sein Denken, Stuttgart 1980 ²1994.
Ders., Einleitung und Erklärung zu: Logik des Schreckens, s. b)
Ders., Was ist Zeit? Augustinus von Hippo. Das XI. Buch der Confessiones. Text – Übersetzung – Kommentar, Frankfurt/M. 1993.
Gilson, E., Introduction à l'étude de S. Augustin, Paris ⁴1969.
Hadot, P., Philosophie als Lebensform. Geistige Übungen in der Antike, Berlin 1991 (frz. 1981, ²1987).
Heidegger, M., Augustinus und der Neuplatonismus, hg. v. Cl. Strube, in: Gesamtausgabe Bd. 60, Frankfurt/M. 1995.
Holte, R., Béatitude et sagesse. Saint Augustin et le problème de la fin de l'homme dans la philosophie ancienne, Paris 1962.
Horn, C., Augustinus, München 1995.
Ders. (Hg.), Augustinus, De civitate dei (=Klassiker auslegen Bd. 11), Berlin 1997.
Jaspers, K., Plato – Augustin – Kant. Die fortzeugenden Gründer des Philosophierens, München 1957 (u.ö.), auch einzeln: Augustin, München 1976.
Jauss, H.R., Ästhetische Erfahrung und literarische Hermeneutik, Frankfurt/M. 1982.
Jonas, H., Augustin und das paulinische Freiheitsproblem, Göttingen ²1965.

Kahnert, K., Entmachtung der Zeichen? Augustin über Sprache, Amsterdam/Philadelphia 2000.

Kamlah, W., Christentum und Geschichtlichkeit. Untersuchungen zur Entstehung des Christentums und zu Augustins »Bürgerschaft Gottes«, 2., neubearb. u. erg. Auflage Stuttgart 1951.

Kany, R., Augustins Trinitätsdenken, Tübingen 2007.

Koch, J., Augustinischer und dionysischer Neuplatonismus und das Mittelalter, in: W. Beierwaltes (Hg.), Platonismus in der Philosphie des Mittelalters, Darmstadt 1969.

Kreuzer, J., PULCHRITUDO – Vom Erkennen Gottes bei Augustin. Bemerkungen zu den Büchern IX, X und XI der Confessiones, München 1995.

Ders., Augustins Theorie der Zeit, in: E. Alliez/B. Cassin/M. Narcy/G. Febel/G. Schröder (Hg.), Metamorphosen der Zeit. Ursprünge der Moderne, München 1999.

Ders., Zeit, Erinnerung, Geschichte: Augustinus, in: J. Kreuzer, Gestalten mittelalterlicher Philosophie, München 2000.

Ders., Was verstehen wir, wenn wir verstehen? Augustinus über Orakel, innere Wörter und die Zierde der Verstehensgemeinschaft, in: Philosophisches Jahrbuch 111 (2004).

Ders., Wozu drei? Überlegungen zu Augustinus' Trinitätsspekulation, in: J. Assmann, H. Strohm (Hg.), Echnaton und Zarathustra. Zur Genese und Dynamik des Monotheismus, München 2012.

Löwith, K., Weltgeschichte und Heilsgeschehen, Stuttgart 1967 (u.ö.).

Markus, R.A., St. Augustine on Signs, in: Phronesis 2 (1957).

Ders. (Hg.), Augustine. A collection of Critical Essays, New York 1972.

Ders., Saeculum. History and Society in the Theology of St. Augustine, Cambridge ²1989.

Marrou, Augustinus und das Ende der antiken Kultur, übers. v. L. Wirth-Poelchau, in Zusammenarb. mit W. Geerlings, hg. v. J. Götte, Paderborn u.a. ²1995.

Mayer, C.P., Die Zeichen in der geistigen Entwicklung und in der Theologie Augustins (2 Bde.), Würzburg 1969/1974.

McEvoy, J., St. Augustine's Account of Time and Wittgenstein's Criticism, in: The Review of Metaphysics 37 (1984).

Mesch, W., Reflektierte Gegenwart. Eine Studie über Zeit und Ewigkeit bei Platon, Aristoteles, Plotin und Augustinus, Frankfurt/M. 2003.

Mojsisch, B., Nachwort zu: De magistro – Über den Lehrer, s. b)
Ders., Augustinus, in: T. Borsche, Klassiker der Sprachphilosophie, München 1996.
Mourant, J.A., St. Augustine on Memory, Villanova 1980.
Müller, C., Geschichtsbewußtsein bei Augustinus, Würzburg 1993.
O'Donnell, Saint Augustine's Platonism, Villanova 1984.
Van Oort, J., Jerusalem and Babylon. A Study into Augustine's City of God and the Sources of his Doctrine of the Two Cities, Leiden u.a. 1991.
Pollmann, K., Doctrina christiana. Untersuchungen zu den Anfängen christlicher Hermeneutik unter besonderer Berücksichtigung von Augustinus, Fribourg 1996.
Ricken, F., Antike Skeptiker, München 1994.
Ring, T.G., Bruch oder Entwicklung im Gnadenbegriff Augustins? Kritische Bemerkungen zu K. Flasch, Logik des Schreckens, in: Recherches Augustiniennes 44.
Rist, J.M., Augustine. Ancient Thought Baptized, Cambridge 1994.
Ritter, J., Mundus intelligibilis. Eine Untersuchung zur Aufnahme und Umwandlung der neuplatonischen Ontologie bei Augustinus, Frankfurt/M. 1937.
Schindler, A., Wort und Analogie in Augustins Trinitätslehre, Tübingen 1965.
Ders., Art. Augustin/Augustinismus, in: Theologische Realenzyklopädie 4 (1979).
Schmaus, M., Die psychologische Trinitätslehre des heiligen Augustinus, Münster 1927 (ND 1966).
Schmidt, E.A., Zeit und Geschichte bei Augustin, Heidelberg 1985.
Schöpf, A., Augustinus. Einführung in sein Philosophieren, Freiburg/München 1970.
Sorabji, R., Time, Creation and Continuum. Theories in Antiquity and the Early Middle Ages, London 1983.
Taubes, J., Weltfremdheit. Die Gnosis und ihre Folgen; Theologie nach der Kopernikanischen Wende, in: ders., Vom Kult zur Kultur. Hg. v. A. u. J. Assmann, W.-D. Hartwich u. W. Menninghaus, München 1996.
Taylor, C., Quellen des Selbst. Die Entstehung der neuzeitlichen Identität, Frankfurt/M. 1994 (engl. Cambridge 1989).

Teske, R.J., Platonic Reminiscence and Memory of the Present in St. Augustine, in: The New Scholasticism 58 (1984).
Theiler, W., Porphyrios und Augustin, in: Forschungen zum Neuplatonismus, Berlin 1966.
Wulf, S., Zeit der Musik. Vom Hören der Wahrheit in Augustinus' *De Musica*, Freiburg/München 2013.

Zeittafel

13.11.354	Augustinus in Thagaste, Numidien (heute Souk Ahras, Algerien) geboren, das Gentilnomen Aurelius begegnet erst bei seinem Schüler Orosius. Der Vater Patricius (†372) ist städt. Beamter, die Mutter Monnica (†387) überzeugte Christin und vermutlich berberischer Abstammung. Augustinus hat einen (jüngeren) Bruder Navigius, eine Schwester und eventuell weitere Geschwister
ca. 356	der römische Rhetor Marius Victorinus (philosophischer Wortführer im Arianerstreit, Initiator eines ›christlichen Platonismus‹) konvertiert öffentlich zum Christentum (von Aug. als Vorbild genannt: Conf. VIII.2.3 ff.)
361-363	unter Julian (›Apostata‹): Wiedereröffnung der heidnischen Tempel; 362 Rhetorenedikt (Ausschluss der Christen von der Lehrtätigkeit)
bis 373	Schulzeit und Studium (Rhetorik) in Thagaste, Madaura und Karthago; 370 wegen Geldmangels einjährige Unterbrechung, finanzielle Unterstützung des Studiums durch (den Manichäer) Romanianus
372 (oder 73)	Geburt des Sohnes Adeodatus (seit 371 Konkubinat, den Namen der Frau lässt Aug. ungenannt)
373	Lektüre von Ciceros *Hortensius*, Beginn der manichäischen Phase (»auditor«), die nach eigener Darstellung bis 382 dauert
ca. 373-375	Grammatiklehrer in Thagaste
ca. 375-383	Rhetoriklehrer in Karthago
378	Schlacht bei Adrianopel: das röm. Heer unterliegt den (mit Hunnen und Alanen verbündeten) Goten
379	Thronbesteigung von Theodosius I., auf seinen Befehl hin Annahme des christlichen Glaubens im römischen Imperium
380	erstes Buch *De pulchro et apto* (nicht erhalten)

381	das Christentum wird Staatskirche
382-84	Streit um den Viktoria-Altar in Rom (Symbol nichtchristlich-antiken Kultes) – Ambrosius (334-397, Bischof von Mailand) auf christlicher Seite, Symmachus (ca. 345-402, Stadtpräfekt von Rom) auf paganer (394 wird der Altar endgültig entfernt)
383	Gespräch mit dem Manichäerbischof Faustus von Mileve: Entfremdung von den Manichäern; Reise nach Rom (gegen den Willen der Mutter); Aufenthalt bei Manichäern; schwere Erkrankung
384	weiter nach Mailand, im Herbst vergibt Symmachus an Aug. die Professor der Rhetorik (rhetoricae magister) am Kaiserhof in Mailand, Begegnung mit Ambrosius
385	(im Frühjahr) ist auch die Mutter Monnica in Mailand; Trennung von der Konkubine, Plan einer standesgemäßen Heirat, Vorbereitungen zur Taufe
386	Lektüre der »Bücher der Platoniker«, ›Bekehrung‹ (Ende August); Rückzug nach Cassiciacum (vermutlich das heutige Cassago Brianza, etwas mehr als 30 Kilometer nördlich von Mailand): die *Frühdialoge* entstehen
387	Anfang des Jahres: Rückkehr nach Mailand, Aufgabe der Rhetorikprofessur, am 24./25.4. (Ostern) 387 zusammen mit dem Sohn Taufe; Beginn der Arbeit an *De musica*; letztes Gespräch mit der Mutter in Ostia (Conf. IX.10.23-26), die kurz danach (55-jährig) stirbt; Plan der Rückkehr nach Afrika, die sich wegen des Einfalls von Magnus Maximus in Italien verzögert
388	(1. Hälfte) Ostia und Rom, die ersten *antimanichäischen Schriften* entstehen; Herbst (über Karthago) Rückkehr nach Thagaste; Beginn einer philosophisch-laikalen Lebensführung (»servus dei«)
389 oder 390	Adeodatus stirbt mit 17 Jahren. *De magistro*, *De vera religione* entstehen bis 391
391	unter Theodosius I. Verbot der heidnischen Kulte; Reise nach Hippo regius (heute: Annaba, Algerien), Weihe zum Priester (Presbyter) unter dem Bischof Valerius
391-400	Fortführung der laikal-klösterlichen (zönobitischen) Lebensführung in Hippo; weitere *Schriften gegen die Manichäer*

392 öffentl. Debatte in Hippo mit dem Manichäer Fortunatus; Beginn der *Enarrationes in Psalmos* (die ersten 32 bis 392, die restlichen bis 422; *En. in ps.* 118 später)

393 Ende der Olympischen Spiele antiken Stils. – 8.10.393 Beginn der Predigttätigkeit (Eröffnungspredigt beim Konzil von Hippo: *De fide et symbolo*); erste *Schriften gegen die Donatisten* (nordafrikanische Wiedertäuferkirche mit rituellem und zunehmend gewalttätigem (»circumcelliones«) Märtyrerkult)

395 Tod von Theodosius I., Teilung des röm. Reiches: Zerfall des Imperiums im Westen, Bewahrung im Osten – Aug. Hilfsbischof in Hippo (Designation zum Nachfolger von Valerius im Bischofsamt)

396 nach dem Tod von Valerius wird Aug. Bischof von Hippo; *Quaestio I,2 ad Simplicianum* (›Prädestinations- und Gnadenlehre‹); weitere *antidonatistische Schriften*

397-401 *Confessiones*

399-419 *De trinitate*

ab ca. 403 Aufgabe des Versuchs eines Ausgleichs mit den Donatisten

405 Edikt gegen die Donatisten: durch den Kaiser Honorius zu Häretikern erklärt

406 Vandaleneinfall in Gallien

24.8.410 Eroberung Roms durch die Westgoten unter Alarich

411 Aug. predigt regelmäßig gegen die Donatisten, im Juni »Conlatio Carthaginiensis«, Verurteilung der Donatisten durch Flavius Marcellinus: die ›römische‹ (= Aug.s) Partei ist die christlich-›katholische‹. – Erste Nachrichten über Pelagius und Caelestius, Beginn der *antipelagianischen Schriften* (Zuspitzung der Prädestinations- und Gnadenlehre gegen die Betonung menschlicher Willensfreiheit)

412 Edikt gegen die Donatisten

412-426 *De civitate dei*: I-III vor der Hinrichtung von Flavius Marcellinus 413, IV-X 415-417, XI-XXII 418-426

416 Christentum wird ›Staatsreligion‹: Nicht-Christen vom Staatsdienst ausgeschlossen

417 päpstliche Verurteilung von Pelagius und Caelestius in Mileve; die zunächst zurückgenommene Exkommunikation wird 418

	von Papst Zosimos erneut ausgesprochen (dagegen protestiert u.a. Julian von Aeclanum)
ab 418	Verschärfung der Prädestinations- und Gnadenlehre in der Auseinandersetzung mit Julian von Aeclanum, der Aug. mit seiner Prädestinationslehre manichäischen Dualismus vorwirft, danach mit den ›Semipelagianern‹
426	Aug. ernennt Eraclius zum Nachfolger als Bischof von Hippo Regius; Durchsicht der publizierten Schriften in den *Retractationes*
430	Verwüstung Numidiens durch die Vandalen
28.8.430	Während der Belagerung von Hippo durch die Vandalen Tod Augustins.

Johann Kreuzer, geb. 1954, lehrt Geschichte der Philosophie an der Carl von Ossietzky Universität Oldenburg. Seine Arbeitsschwerpunkte sind neben der Geschichte des Denkens zwischen Augustinus und Nikolaus v. Kues insbesondere Hölderlin und die Epoche wie Wirkungsgeschichte des Deutschen Idealismus. Veröffentlichungen u.a.: Erinnerung. Zum Zusammenhang von Hölderlins theoretischen Fragmenten »Das untergehende Vaterland ...« und »Wenn der Dichter einmal des Geistes mächtig ist ...« (1985); Pulchritudo – Vom Erkennen Gottes bei Augustin (1995); Gestalten mittelalterlicher Philosophie (2000); J.Ch.F. Hölderlin, Theoretische Schriften. Mit einer Einl. hrsg. (1998); Augustinus, De trinitate (zweispr. Studienausgabe). Neu übers. u. mit einer Einl. hrsg. (2001); Herausgeber: Hölderlin-Handbuch (2002/2011); Hegels Aktualität (2010); Mitherausgeber: Die Realität der Zeit (2007); Adorno-Handbuch (2011).